AF453977

L'ANCIEN

ET LE

NOUVEAU PARIS.

M.^r vous faisait trop d'honneur en payant si cher vos faveurs; vous ne méritez que le salaire d'une fille du monde.

L'ANCIEN

ET LE

NOUVEAU PARIS,

OU

ANECDOTES GALANTES

ET SECRÈTES,

PROPRES à peindre nos mœurs passées et présentes.

Avec Figures.

OUVRAGE PUBLIÉ PAR P. J. B. NOUGARET.

TOME Ier.

A PARIS,

Chez L'AUTEUR, rue des Petits-Augustins n°. 9, vis-à-vis celle des Marais, F. Germain; et chez tous les Marchands de Nouveautés.

L'AN VII. DE LA RÉPUBLIQUE.

AVERTISSEMENT.

IL s'est fait, certainement,
une grande Révolution dans
nos mœurs, depuis celle qui a
changé tout l'ordre politique
de la France. Il a paru piquant
de rapprocher les mœurs ac-
tuelles de celles qui corrom-
paient, il n'y a que peu d'années, toutes les différentes
classes de la Société, et d'opposer quelques-uns des anciens
abus, aux sages réformes qui
viennent de se faire. Tel est
le motif qui engage l'Editeur
à mettre au jour les Anecdotes
qu'il publie, et dont le but

n'est pas seulement d'offrir une lecture amusante.

On a cru devoir changer les noms des personnages qu'on va faire reparaître sur la scène; en sorte que si la malignité s'avise de vouloir faire des applications, elle ne pourra du moins parvenir qu'à connaître imparfaitement nos heros.

L'ANCIEN

ET LE

NOUVEAU PARIS,

OU

ANECDOTES GALANTES

ET SECRÈTES.

L'ABBÉ RÉFORMÉ.

ANECDOTE PREMIÈRE.

« Qu'avez-vous, mon cher abbé Muscadin, demanda un jour la duchesse d'Oran au petit-collet qui papillonnait autour de sa toilette. Je vous trouve aujourd'hui absorbé dans

Tome I.　　　　　　　A

une rêverie qui ne vous est point naturelle. Seriez-vous attaqué de vos vapeurs avec une nouvelle violence, ou bien vos migraines influeraient-elles enfin sur votre charmant caractère ? J'ai peine à vous reconnaître ; voilà une boucle trop grosse, trop avancée sur mon front ; et vous ne m'en avez rien dit ! » — L'abbé, avant de répondre, roula quelques instans entre ses doigts sa boîte d'or en navette , flaira délicatement une prise de tabac d'Espagne ; enfin, voyant que la duchesse, les yeux attachés sur les siens, attendait, avec la plus vive inquiétude, qu'il rompît le silence, il craignit, s'il se taisait davantage , que les nerfs de cette dame n'en fussent douloureusement affectés ; il prit donc la parole, et s'exprima de la sorte d'une voix douce et traînante : — « Je suis extasié, en honneur, madame la duchesse, que vous ne soupçonniez point la cause qui ternit ma gaîté. Je pardonnerais ce défaut de péné tration à une femme superficielle ou frivole; mais vous, belle duchesse, qui donnez dans la politique, vous qui lisez toutes les brochures sur la législation, sans que votre tête en soit fatiguée, il me paraît incroyable que vous ayez oublié ce décret extraordinaire de l'Asssemblée nationale concernant les dimes ecclésiastiques. Ils nous arrachent le plus clair de nos revenus, ils nous rendent des êtres presque nuls. — Vous prenez un ton bien tragique, mon cher abbé, pour une bagatelle, une misère, s'écria la duchesse en éclatant de rire; le superflu que l'on vous enlève, ne vous fait qu'un tort imperceptible : ôte-t-on quelque chose à votre mérite, à vos talens agréables? — Oui, sans doute : on nous dépouille de la meilleure partie d'un éclat qui nous était si nécessaire; nous ne saurions être trop riches pour en imposer aux méchans aux vicieux. Eh! qui sait si après nous avoir frustrés des dîmes; si après nous avoir forcés de ne garder qu'une seule abbaye, on n'en viendra pas à se saisir de tous nos biens. — Oh! remettez-vous de votre frayeur; l'Assemblée nationale n'est point composée de financiers avides, qui écorchent au-lieu de tondre; elle vous laisera assez de richesses pour que vous ayez de quoi vivre à votre aise; et les abbés tels que vous, mon cher Muscadin, continueront d'être des hommes ravissans, dont nous raffolerons sans cesse. — Les biens terrestres seraient moins l'objet de notre attachement, sans l'usage indispensable auquel nous les réservons. Il est des actes d'humanité dont nous rougirions de nous dispenser. Dans l'état de dénuement où nous allons nous trouver, quel service pourrons-nous rendre aux veuves et aux orphelines? — Il faudra vous résoudre, messieurs, à être moins charitables. — Non, madame la duchesse, il est certaines bonnes actions, certains traits d'humanité, dont il est affreux de se priver; pour moi, le séjour de la capitale me deviendra insupportable. maintenant que je serais réduit à y adopter un autre genre de vie. Je vais aller m'enterrer au milieu des moines de l'abbaye qui me reste encore. — Vous changerez d'idée, mon cher Muscadin ; vous vous feriez conscience de donner le coup de la mort à vos amis, et sur-tout à vos amies. Nous parlerons de tout cela plus en détail tantôt dans mon boudoir. Nous dînerons tête-à-tête ; je suis excédée de visites, et je veux dissiper le noir de votre âme. En attendant, faites-moi le plaisir d'aller au Temple, me chercher un assortiment de rouge : personne ne sait mieux que vous en assortir les différentes nuances. » —

L'abbé baisa tendrement la main de madame la duchesse, et sortit de son hôtel paraissant disposé à s'acquitter de l'importante commission qu'il venait de recevoir.

A 3

Mais il avait bien un autre dessein dans la tête; il ne devait plus revoir la duchesse, et courut, le cœur serré, dire le dernier adieu à une personne qui l'avait toujours beaucoup plus intéressé que son bréviaire.— « C'en est fait, ma petite Mimi, s'écria-t-il en entrant et en tombant dans un fanteuil, je suis ruiné, noyé, abimé. — O ciel ! qu'as-tu, mon ange? (demanda la charmante nymphe en lui passant les bras autour du cou) je ménage ta bourse comme la mienne propre; tu sais que j'ai rarement des fantaisies coûteuses, que je me contente presque des vingt-cinq louis par mois que tu me donnes, et que je suis la femme la plus fidelle qu'il soit possible de trouver parmi les demoiselles entrenues. — Je conviens de tout cela, poulette, reprit l'abbé : les malheurs qui m'accablent ne fondent pas sur moi par ta faute. Je ne peux les attribuer qu'à l'Assemblée nationale, qui, soufflée par un mau-

vais génie, non-contente de nous
enlever les dîmes, nous force de ne
garder qu'une seule abbaye, ou
qu'un seul bénéfice. D'après une ré-
duction de revenus aussi considérable, quelle figure ferais-je dans la
capitale, si j'avais encore le front
de m'y montrer? Je possédais trente-
mille livres de rente, et présentement je n'en ai plus que dix. Ma
principale douleur est de ne pouvoir
plus continuer à te faire du bien,
adorable friponne, toi qui contri-
buais à me délasser de mes travaux;
et qui me présentais la sagesse sous
les traits aimables de la folie. Tu
pourras me remplacer par le gros
commandeur, ou prêter l'oreille
aux propositions du gros financier,
ou bien à celles de quelque parvenu
du jour. Il te sera facile de te consoler de ma perte; et moi, je vais
végéter, je vais m'enterrer tout vif
au milieu de moines épais et igno-
rans, qui ne savent que boire, psal-
maudier du latin, et digérer en paix.

Une autre femme que la jolie nymphe, plus tendre qu'intéressée, aurait cherché à consoler l'abbé Muscadin : celle-ci trouva plus simple de feindre de s'évanouir. Lorsqu'elle eut repris connaissance, elle s'avisa de recourir aux larmes, genre de douleur fort équivoque, qui laisse à deviner si l'on pleure la perte que l'on fait, ou si l'on s'afflige par rapport à soi-même. L'amour-propre de l'abbé ne manqua pas de lui suggérer que c'était lui que l'on regrettait : tant d'autres auraient été aussi dupes à sa place ! Il s'éloigna émerveillé de l'attachement qu'il inspirait, et se rendit à cent-vingt lieues de Paris, tourmenter ses moines en vivant avec eux. C'est de-là qu'il maudit toutes les réformes (jusqu'à ce qu'il n'y eut plus de moines ni d'abbés en France) ; que songeant à ses plaisirs passés, il s'écria douloureusement : « Nous vivions dans l'âge d'or ; funeste révolution, tu l'as à jamais détruit ! Les prêtres n'auront plus le plaisir de damner les consciences ; les abbés agréables ne présideront plus aux toilettes. »

LE PROCÈS DU CHAT.

Anecdote II.

Un grand personnage, qu'il me vient en fantaisie de nommer Christophe Bartholin, enseignait depuis vingt ans le droit, et, zélé à pratiquer ses doctes leçons, mettait tout son plaisir à chicaner, à plaider sans cesse. Cette humeur processive l'avait, sans doute, empêché de se soumettre au joug du mariage, dans la crainte d'être toujours en querelle avec son épouse, et d'être tenté de dépenser la dot en discussions judiciaires. Son cœur froid et sa façon de penser égoïste le rendaient d'ailleurs incapable de former aucun engagement. Mais il parut changer tout-à-coup; on le vit donner quelques preuves d'une sorte de sensibilité. Qui put émouvoir, en partie, cette ame si long-tems indifférente, et comme endurcie faute d'avoir exercé des facultés si précieuses? Le croira-t-on? ce miracle fut occasionné par un chat, qu'une rencontre bisarre fit tomber entre ses mains. Voici par quelle avanture il devint possesseur du trésor qu'il a tant chéri. Un soir qu'il se retirait chez lui, en sortant de chez son procureur, la tête baissée, et méditant profondément quelque point de jurisprudence, ou sur les incidens d'un procès, un inconnu l'aborda, en fondant en larmes, en prononçant tout bas des mots entre-coupés, qu'il paraissait n'avoir pas la force de mieux articuler. — « Que le ciel vous assiste (lui dit brusquement Bartholin, persuadé qu'on venait recourir à sa charité). « Hélas! mon cher monsieur, s'écria douloureusement l'inconnu, sauvez la vie à un pauvre malheureux qui se meurt d'inanition, et que la misère du tems m'empêche de nourir. Je jure que, si vous refusez de vous en charger, je vais de ce pas, quelque peine que me fasse un tel sacrifice, le jeter dans la rivière. — O ciel ! reprit Bartholin saisi d'horreur, aurais-tu bien l'inhumanité d'ôter la vie à ton enfant, à une innocente créature ? » — A ces mots il allait s'éloigner à toutes jambes de celui qu'il regardait comme un homicide, lorsque l'inconnu, l'arrêtant par le bras, lui dit : — « Vous vous trompez, monsieur ; tenez, voilà le misérable orphelin que je recommande à votre bienfaisance. » — Alors il met la main sous la basque de son habit, et se dispose à tirer quelque chose d'un panier : Bartholin frémit croyant qu'il allait en voir sortir un enfant, dont on le forcerait de se charger. Mais quelle fut sa surprise de ne voir paraître qu'un chat angora, qu'on lui

remit entre les mains , en le conju-
rant d'avoir pitié des malheureux.
La sympathie agit sans doute ; le
maître en droit se sentit attendrir ,
se chargea du pauvre animal ; et celui qui venait de s'en débarrasser ne
s'éloigna qu'après avoir comblé de
bénédictions le nouveau protecteur
de son chat , qu'il couvrit de baisers
et arrosa de ses larmes avant de le
quitter.

Bartholin fut à peine devenu possesseur de Grippe-minet, qu'il lui
trouva une physionomie intéressante,
et conçut pour lui la plus tendre amitié. Il voulut qu'il mangeât à table,
à côté de lui, et ne fesait que rire des
libertés qu'il lui voyait prendre.
Grippe-minet, connaissant qu'on le
traitait en enfant gâté , portait souvent la patte au plat ; il ôsait même
attraper, comme à la volée, les mor-
ceaux que son maître portait à la
bouche. Ses singeries , ses malices
continuelles amusaient notre grave
pédagogue, dont le front se dérida
enfin

enfin, à la grande surprise de ceux qui l'avaient vu sourcilleux pendant plus de quarante ans. Lorsqu'on lui rendait visite, il fallait se résoudre à ne lui entendre parler que de son chat favori ; il en ventait la gentillesse, les manières caressantes, et ressemblait à ces historiens minutieux, extrêment infatués de leurs héros.

Le bonheur du maître en droit fut détruit pour jamais, lorsqu'il s'y attendait le moins. Par économie (lorsque l'horrible grimoire, appelé *droit français*, fut remplacé par les lois simples et précises, dites constitutionnelles) il crut devoir louer une partie de l'appartement qu'il occupait ; et ce fut à un honnéte négociant, que je nommerai Damis. Se fiant à la parole de Bartholin, qui lui avait promis de passer un bail, Damis fit des dépenses considérables pour embellir sa nouvelle demeure ; il regardait d'autant moins à l'argent, qu'il croyait s'être logé pour plusieurs années. Mais que les hommes seraient heureux s'ils pouvaient lire dans l'avenir !

Un jour que Damis fesait arranger des pièces de vin dans sa cave, il fut surpris de trouver, entre deux tonneaux, un chat mort. qu'il reconnut, avec chagrin, pour l'angora de Bartholin. Selon toute apparence, le pauvre animal, se sentant attaqué d'une maladie mortelle, se traîna dans la cave de Damis, et n'y languit que peu de tems. L'honnête locataire, sensible à la douleur qu'allait éprouver son hôte, envoya déposer les tristes restes de Grippeminet dans la rue, contre une borne. On venait à peine de lui rendre ce dernier devoir, lorsque le hasard conduisit Bartholin au même endroit. Le premier objet qui frappa ses regards, ce fut le cadavre inanimé de son cher angora. — » Hélas ! il n'est plus de bonheur pour moi, s'écria-t-il, tandis qu'une larme (la première qu'il ait versé de sa vie) humectait

une de ses joues ; je perds mes plaisirs, ma consolation, mes uniques
délices...... Mais, poursuivit-il, au-
rait-on hâté la fin de tes jours ?......
Oui, ta mort n'est point naturelle, je
crois connaître ton indigne assassin ;
c'est assurément cet avoué qui loge
ici près ; le traître voudrait être le
seul qui eût des griffes ; il fait encore
la guerre aux chats du quartier, afin
que les rats et les souris de son étude
puissent ronger en paix les sacs et les
dossiers, de manière qu'il ait un prétexte de faire écrire de nouvelles
grosses. Tu seras vengé, ô mon chèr
angora ! je cours de ce pas lui in-
tenter un procès criminel. »

Les cris du maître en droit avaient
attiré Damis. — « Vous vous trompez, lui dit-il ; l'honnête avoué est
innocent de ce meurtre. J'ai trouvé
votre chat mort dans ma cave, et
c'est moi qui l'ai fait placer contre
cette borne. » —

Ce discours excite dans Bartholin
la plus violente colere : la poudre

n'est pas si prompte à s'enflammer.
— « Ah ! c'est vous s'écrie-t-il en
frémissant de rage , c'est vous qui
me privez de mon chat. Vous osez
m'avouer votre crime. Je devrais
vous envoyer lui tenir compagnie
dans l'autre monde ; mais un bon
procès me vengera sans me compro-
mettre. — Je vous jure , reprend
Damis, sans s'émouvoir, je vous
jure que je suis incapable de faire
du mal à qui que ce soit, et sur-
tout à votre prochain. — Oh ! l'on
a trouvé mon chat dans votre cave;
j'ai votre aveu, cela me suffit.»

L'effet suivit de près la menace.
Un huissier, avec douces manières,
vint signifier à l'honnête locataire de
déloger à la fin du premier terme.
Le tour était noir et bien digne de
Bartholin, qui triomphait de n'avoir
point encore passé de bail, attendu
que sa parole d'honneur avait paru
suffisante. Il était désagréable, pour
Damis, non-seulement de déména-
ger au bout de six mois, mais d'en

être encore pour tous les embellis-
semens qu'il avait fait faire. Aussi
le négociant, trompé si cruellement
pour avoir eu trop de bonne foi, résolut de tenir ferme : il fit comme un
bon général d'armée attaqué à l'in-
proviste, il disputa le terrein. Les
défenseurs officieux des deux parties
eurent l'art d'embrouiller l'affaire,
à force de citer les lois anciennes et
modernes. Quel vaste champ pour
leur éloquence verbeuse! un démé-
nagement forcé, et un chat mort.

Le défenseur du négociant, eut
beau faire, il perdit sa cause; Damis
fut obligé de transporter ailleurs ses
dieux pénates. Bartholin en serait
devenu plus chicaneur, si cela avait
été possible. Tout ce qu'il craint
maintenant, c'est le renouvellement
ou la simplification des lois; ce
qui va diminuer nombre de ses éco-
liers, et le mettre même dans le cas
de s'instruire à son tour.

Il s'étonne et s'indigne qu'on
veuille éviter la peine aux Poitevins

ou aux Lionnais, de faire cent lieues pour venir à Paris chercher la justice; il dit qu'il en ferais trois-cents pour avoir le plaisir d'aller plaider.

Le Voleur des plaisirs de l'Hymen.

ANECDOTE III.

QUELLES étranges mœurs on remarque dans ce que nous appellons la bonne compagnie !

O sages législateurs qui vous occupez sérieusement du bonheur de la France. hâtez-vous de réformer tous les abus : vous nous rendrez et plus heureux et plus estimables. L'exemple du courtisan riche et vicieux n'avait que trop d'influence sur l'honnéte citadin.

Un homme fort riche et d'un âge

plus que mûr , mais d'un esprit assez borné , se trouvait à un grand souper avec son épouse ; quelqu'un vint à raconter des histoires de voleurs , dont il était alors beaucoup question. Aussi-tôt le vieil époux prit la parole, et dit que le penchant au vol était plus commun qu'on ne le croyait , et qu'il y avait des exemples que des jeunes gens de qualité s'y sont quelque fois laissés entraîner. A ces mots madame de Frontac rougit , et voulut faire taire son mari; mais on l'engagea de poursuivre , et , sans se faire beaucoup prier, il continua de la sorte : — Depuis quelques années mon appartement est séparé de celui de ma femme. Un soir, qu'elle était au lit, j'allais lui souhaiter une bonne nuit, lorsque j'entendis du bruit dans sa garderobe : je prends un flambeau, j'entre, je vois quelqu'un qui se cache derrière une robe attachée au portemanteau, je la lève, et j'apperçois un jeune homme très-bien mis et

de la plus belle phisionomie du
monde ; je lui demande ce qu'il fait
là ; il me répond d'une voix trem-
blante : — Monsieur , excusez-moi ,
j'ai honte de vous avouer que mon
projet était de dérober un bijou
dont vous n'avez pas assez de soin.
— Comment ! m'écriai-je ; n'êtes-
vous pas honteux de faire un si
vil métier ? Vous mériteriez que
je vous fisse pendre. — Mais sa
phisionomie m'intéressa, je le laissai
aller. Vous pensez bien que ma
femme était plus morte que vive
de peur. Quelque tems après j'allai
à la cour, et je fus extrément surpris de voir mon voleur qui parlait
familièrement à un grand seigneur:
on me dit qu'il s'appelait le comte
d'Orsigni ; et je me sus bon gré de
ne l'avoir point mis entre les mains
de la justice. » —

La Femme prise sur le fait.

ANECDOTE IV.

Un particulier desirait d'aller à la comédie française, et voulut engager son épouse de l'y accompagner; mais la dame s'en excusa en alléguant une violente migraine. Le mari se rendit tout seul aux français et ne put avoir de billet pour aucune place quelconque, tant la foule des curieux avait afflué ce jour-là. Afin de passer au spectacle les deux ou trois heures qu'il avait destinées à se dissiper de ses occupations, il alla tout de suite aux Italiens : la première personne qu'il y apperçut aux secondes loges, ce fut sa femme avec un jeune homme dont il était extrêmement jaloux. Au-lieu de prendre le parti le plus prudent, il attendit son épouse à la

porte de la comédie , et s'approchant
d'elle d'un air furieux , il lui dit qu'il
était bien étonné de sa mauvaise conduite, et saurait la punir , ainsi que
son suborneur. La dame montra dans
cette occasion beaucoup de présence
d'esprit ; elle s'écria qu'elle ne con-
naissait point l'homme qui ôsait lui
parler de la sorte , et prit tout le
monde à témoin de l'insulte qu'on
venait de lui faire , en se méprenant
sans doute. Tandis que le mari pro-
testait qu'il n'était que trop réellement l'époux de l'infidelle , la dame
se glisa dans la foule , et parvint à
s'éloigner. Le jeune homme qui
l'accompagnait était depuis quelque
tems pensionnaire dans sa maison ; il
se douta bien que le jaloux s'apprêtait
à le recevoir fort mal , et résolut pru-
demment de laisser passer le premier
orage. Comme il était dans ces dispo-
sitions, un de ses amis l'aborda, qu'il
pria aussi-tot de conduire madame
Valertin chez elle , qui voudrait bien
le permettre, ajoûta-t-il, parce qu'on

l'attendait à souper dans une société charmante, où il était d'usage de se mettre à table de bonne heure. L'ami consentit avec joie à servir d'écuyer à une jolie femme, à laquelle, tout en s'occupant d'idées riantes, il débita en chemin mille galans propos. Mais quel changement désagréable! Il s'attendait à être reçu du mari avec la dernière politesse, et fut cruellement trompé. L'époux incivil, armé d'un lourd bâton, s'était caché derrière la porte, et ne vit pas plutôt paraître sa tendre moitié, qu'il se mit à frapper à coups redoublés et sur elle et sur celui qu'il prenait pour son heureux rival. Il reconnut enfin son erreur; et la confusion qu'il en eut lui fit plus facilement recevoir les excuses de sa femme.

LA MÈRE COUPABLE.

ANECDOTE V.

CROIRAIT-ON qu'il est dans la capitale, des mères qu'un vil intérêt engage à corrompre l'inocence de leurs filles? L'histoire suivante est une nouvelle preuve de cette affligeante vérité. Une femme de Paris, que j'appellerai Nitouchin, se voyant veuve, ne put se résoudre à subsister de son travail, après avoir joui d'une certaine aisance. Elle remarqua avec joie que sa fille était très-jolie, et se flata de trouver dans les charmes de la jeune personne des ressources aisées contre la misère. Peut-être ne parvint-elle pas sans peine à porter la séduction dans un cœur où régnait l'innocence. Mais qu'il est difficile de ne point céder à

une

une mère qu'on chérit et qu'on res-
pecte depuis l'âge le plus tendre !
Elle lui aura d'abord tracé le riant
tableau des plaisirs et des richesses;
ensuite, caressant l'amour-propre de
la petite personne, elle lui aura dit
que ses charmes naissans la rendaient
digne d'une brillante fortune; après
avoir excité les passions, et redoublé l'envie de plaire, desir qui naît
avec toutes les femmes, cette indigne
mère n'aura plus eu qu'à laisser agir
le penchant, et qu'à profiter de l'inex-
périence et du trouble de la jeune
agnès. Quoi qu'il en soit, la dame
Nitouchin ne vit pas plutôt sa fille
parvenue à l'âge de seize ans, qu'elle
lui enseigna l'art de se mettre avec
coquetterie, sous un extérieur simple
et modeste, qui n'en est que plus
piquant.

Quelques affaires d'intérêt concernant une pension modique faite à son
mari et à sa famille par un certain
marquis, l'appelant quelquefois
chez ce seigneur, elle y mena un

Tome I. C

jour sa fille avec elle. Le marquis fut ébloui des charmes de la jeune personne, et ne put en détourner les yeux pendant tout le tems qu'il s'entretint avec la mère. Cette femme rusée lut aisément ce qui se passait dans le cœur du marquis, et lui procura souvent l'occasion de voir la séduisante Adélaide. Mais, comme il croyait ne devoir son bonheur qu'au seul hasard, il n'ôsait découvrir ses sentimens. La dame Nitouchin, étonnée de cette retenue, si peu ordinaire dans le tems où nous sommes, et craignant de manquer sa proie, dit en confidence au marquis, que le mariage la fesait trembler pour sa fille ; qu'elle la trouverait bien plus heureuse si un honnête homme lui assurait un sort. Le marquis s'écria qu'il voulait être ce fortuné mortel, et commença par donner une bourse de cent louis. Ce procédé charma la dame Nitouchin, qui en conçut de flateuses espérances pour l'avenir. Elle ne dit rien à sa fille de ce qui se passait, et la laissa seule le lendemain avec son amant, sous prétexte d'aller chercher un papier de conséquence, qu'elle seule pouvait trouver.

Lorsqu'elle jugea qu'il était tems de reparaître, elle rentra tout-à-coup; et connut au désordre de sa fille que ses intentions perverses avaient été remplies. Elle feignit alors une extrême colère. — « Quoi ! monsieur le marquis, s'écria-t-elle, vous abusez de ma confiance, vous deshonorez une fille vertueuse ! avez-vous cru que la misère nous rendît moins estimables ? Nous sommes pauvres, mais nous chérissons la sagesse. Je vais par-tout publier votre odieux attentat, afin qu'on vous méprise et qu'on me venge. Et toi, malheureuse (continua-t-elle en se tournant du côté de l'infortunée qui venait de tomber dans le piége qu'elle lui avait tendu), tu seras renfermée pour le reste de tes jours. » — Le marquis ne sachant que penser d'une telle fureur, la fit évanouir tout-à-coup en donnant une bourse remplie d'or. Mais ce fut son dernier présent, soit que l'intérêt trop marqué de la dame Nitouchin l'eût révolté , soit qu'il aimât mieux se ruiner pour une actrice ou pour une danseuse de l'opéra; car il faut sur-tout avoir une maîtresse à la mode. Ainsi cette mère méprisable ne receuillit d'autre fruit de sa lâche complaisance , que le déshonneur. Sa fille l'abandonna au bout de quelque tems , et suivit un jeune homme dans une de nos colonies , où il la récompensa de sa bonne conduite, en s'unissant avec elle par un nœud indissoluble.

Le Valet-de-chambre rusé.

Anecdote VI.

Dans le nombre des beautés les plus à la mode , on distinguait la demoiselle Monrose : c'était une grande blonde faite à peindre , dont la physionomie mutine fesait la plus vive impression. Les amans riches et titrés, qui semblaient s'être disputés la gloire de l'enrichir, la rendaient encore plus fameuse que les charmes dont la nature l'avait douée. Le duc d'Illigni desirait depuis long-tems d'avoir un entretien particulier avec elle. Enfin un soir , qu'il la trouva au spectacle , elle consentit , moyennant deux-cents louis, a lui accorder la nuit suivante dont elle pouvait disposer. Le duc n'avait point cette somme dans sa bourse ; il n'en dit rien , et ne fait cet aveu que lorsqu'on la rendu heureux : mais il promet de revenir dans la journée acquitter la dette qu'il a contractée. A peine rentré chez lui , il s'empresse en effet de dégager sa parole , et remet les deux-cents louis à l'un de ses valets-de-chanbre , avec ordre de les porter tout de suite à mademoiselle Monrose. Il faut savoir que le confident du duc avait jeté des yeux de convoitise sur cette fameuse impure ; mais n'étant point assez riche pour payer des audiences qui se vendaient trop cher, il étouffait par raison ses tendres sentimens. L'occasion de voir la charmante nymphe éveilla dans son cœur un feu mal éteint; il résolut de mettre à profit l'heureux hasard qui se présentait. Il choisit dans la garderobe de son maître un habit aussi riche qu'élégant, se pare avec le plus grand soin, sort de l'hôtel par une porte de derrière, se jette dans le premier fiacre qu'il rencontre, et se fait conduire devant la maison de mademoiselle Monrose; il se fait annoncer comme un seigneur étranger, qui a des choses d'une extrême conséquence à dire à la maîtresse du logis. On se hâte de l'introduire, et il déclare sans façon à la belle quel est le motif de sa visite. Comme il la voit hésiter, attendu qu'elle attendait à chaque instant le retour du duc, il étale sur une table les louis d'or

dont il était porteur. A cet aspect,
les réflexions de la jolie nymphe
cessèrent ; elle jugea à propos de
capituler.

A peine l'amour malin venait-il
d'applaudir à cet heureux accord,
qu'une soubrette rusée accourut annoncer que le duc d'Illigni s'avançait
dans l'antichambre ; le voleur des
plaisirs clandestins, épouvanté de
cette subite apparition, se précipita
sous le lit. Le duc en entrant veut
sauter au cou de la charmante Monrose, encore émue de la scène qui
venait de se passer ; elle le repousse
d'un air théâtral et lui reproche de
n'avoir point encore acquitté sa
dette d'honneur. Le duc proteste
qu'il a envoyé son valet-de-chambre,
et que la commision doit être remplie. Comme il achevait ces mots,
il jette les yeux par hasard sur le
parquet, et croit appercevoir des
pieds sous le lit ; afin de s'éclaircir si
c'est une illusion ou une vérité, il
se baisse, trouve en effet une jambe,

qu'il saisit et tire fortement. Quelle est sa surprise en reconnaissant son valet-de-chambre! Comment, coquin s'écrie-t-il! que fais-tu là ? quel bijou as-tu dessien de dérober ? Le galant Picard tombe aux pieds de son maître, lui avoue la tentation à laquelle il a succombé. Monsieur le duc n'en fit que rire, et trouva sur-tout fort plaisante l'erreur de la belle intéressée.

LA FEMME AVIDE.

ANECDOTE VII.

Un jeune officier qui était sur la porte du café militaire, rue Honoré, voyant passer une très-jolie femme dans une brillant équipage, s'écria assez haut pour être entendu : — « Je donnerais volontiers cent louis pour jouir d'une des nuits de cette belle dame. » Quelques jours après qu'il eut fait cette exclamation, comme il se trouvait encore à la porte du même café, une vieille s'approcha et lui fit signe de la suivre; elle le conduisit à quelque distance; et s'arrêtant sur la porte d'une allée, elle lui parla de la sorte : — « Je suis la femme-de-chambre de la dame que vous avez trouvée si belle tel jour, et j'étais avec elle dans son carrosse, lorsque vous avez exprimé d'une manière si énergique l'impression que vous fesaient ses charmes. Il s'en faut de beaucoup que votre exclamation lui ait déplut; elle m'envoie même vous dire que si vous voulez vous trouver ce soir, avec les cent louis, à la porte de cette allée, je viendrai vous prendre à neuf heures précises, et vous conduirai auprès d'elle. Son époux est parti aujourd'hui pour la campagne, où il restera près d'un mois. Ainsi rien ne troublera votre bonheur, si vous êtes généreux et discret. » — Le galant militaire accepta la proposition avec transport ; il fut exact à l'heure du rendez-vous, et l'obligeante soubrette lui tint parole. Il trouve un souper délicat qui l'attendait. Avant de se mettre à table, il crut devoir donner les cent louis à la dame, qui les compta et les serra, d'un air joyeux, dans l'un des tiroirs de sa chiffonière. Les deux amans venaient à peine de se coucher, lorsque le mari, qui se défiait de la conduite de sa femme trop coquette, et qui avait voulu la surprendre, entre tout-à-coup dans sa chambre, suivi de plusieurs domestiques armés jusques aux dents. Le jeune officier, hors d'état de résister, prit le parti d'avouer comment les choses s'étaient passées. Alors l'époux demanda les cent louis, en donna un à sa femme, rendit le reste au galant enthousiate, et dit ensuite à la dame : — « Monsieur vous fesait trop d'honneur en payant si cher vos faveurs intéressées ; vous ne méritez, que le salaire d'une fille du monde. »

— Il permit ensuite à l'officier de se retirer ; et dès le lendemain , à la pointe du jour , il mena sa coupable moitié dans un couvent , où elle eut tout le tems de se repentir d'avoir été téntée de prendre au mot un jeune étourdi.

BAL MASQUÉ.

Anecdote VIII.

Dans l'un des derniers bals masqués qui furent donnés à l'opéra , il se passa une avanture, dont le récit pourra paraître amusant. Certain procureur, d'un tempérament fort amoureux, y donna rendez-vous à sa maîtresse, jeune personne qui lui vendait assez chère ses faveurs, et dont la constance et la vertu étaient aussi problématiques l'une que l'autre. Après être convenus du domino que mettrait la belle, il ne songea plus qu'au moyen de l'aller joindre. Pour exécuter son dessein, il se coucha comme s'il avait eu bien envie de dormir. Mais au bout d'une heure, il se leva doucement du lit jumeau placé au près de celui de sa moitié, femme de quarante-cinq ans, mais encore fraîche et potelée, d'une pruderie édifiante, et qui lui aurait saintement arraché les yeux, si elle avait appris quelques-unes de ses infidélités. Le galant procureur s'étant adroitement esquivé, s'affubla du domino dont il avait choisi la couleur conjointement avec sa chère amie, et se rendit promtement au bal de l'opéra. Il avait fait plusieurs fois le tour de la salle lorsqu'il apperçut le domino qu'il cherchait, et l'on pense bien qu'il se hâta de voler à sa rencontre. Les deux tendres amans se prirent sous le bras, et, tout en traversant la foule des masques, se dirent, à voix basse, mille douceurs : le procureur ne se sentait pas

d'aise

d'aise d'être si vivement aimé. De plus-en-plus enchanté de sa belle qui lui paraît éprouver tous les feux de l'amour, il s'imagine qu'elle a besoin de quelque rafraîchissement. Il la mène à la buvette, elle se démasque, et lui aussi en même tems, et ils restent tous deux comme pétrifiés en jettant les yeux l'un sur l'autre : le procureur reconnaît sa femme, et la dame s'apperçoit quelle est avec son mari, ou plutôt croit être avec le diable.

Il faut savoir que madame la procureuse, malgré son air dévot, se permettait aussi de manquer à la foi conjugale ; elle feignait souvent d'ignorer les tendres escapades de son mari, et s'en consolait avec le premier clerc. Comme les personnes amoureuses dorment ordinairement d'un léger sommeil, elle entendit son mari se lever ; dès qu'elle l'eut vu partir, elle éprouva une si violente envie d'aller au bal de l'Opéra, qu'elle ne put y résister. Elle sort

aussi-tôt de sa froide couche nup-
tiale , se met au plus vîte à sa toilette, et envoie la cuisinière, discrette
confidente , réveiller celui qui la
consolait des désagrémens du mariage. Il accourut avec empressement.
(Et il avait des raison d'intérêt , dit-
on, pour ménager sa vielle conquête.)
— « Mon indigne époux , lui dit-
elle , est allé sûrement passer la nuit
avec celle qu'il me préfere, ainsi que
cela lui arrive souvent , sans que je
paraisse m'en appercevoir. Eh bien,
venez avec moi au bal masqué de
l'opéra; je brûle d'y aller : nous serons
de retour avant mon infidèle. »— Le
premier clerc n'ôsa la contredire ; et
le diable, qui se plaît toujours à trou-
bler les ménages , fit si bien qu'ils
prirent directement un domino tout
pareil à celui du procureur et de sa
maitresse. Arrivés dans le bal, où
l'assemblée était très-nombreuse ,
ils furent séparés par des groupes de
masques , et se perdirent dans la
foule.

Je reprends maintenant le fil de mon histoire. Les deux époux interdits se parcouraient des yeux en silence, lorsqu'un nouvel incident acheva de les déconcerter. La maîtresse du procureur qui n'était que depuis quelques instans au bal arriva d'un côté, et le maître clerc de l'autre, directement à l'endroit où venait de se faire la reconnaissance matrimoniale; et se trouvant en face de la personne qu'il desiraient de trouver ils lui adressèrent la parole, sans faire attention s'il y avait des témoins suspects: — « Parbleu, ma chère amie, disait le clerc à la procureuse, on a bien de la peine à vous rejoindre. Si je n'étais sûr de votre cœur, je croirais que vous ne m'avez quitté que pour me grossoyer une infidélité. — « Enfin, te voilà donc, mon poulet (disait en même tems au procureur la belle enchantée de ses louis d'or). Il m'a été imposible de venir ici plutôt. Comment as-tu quitté ta maussade compagne? » — Le silence

D 2

que gardaient les deux époux , et l'in-
discret babil des amans , furent tout-
à coup désagréablement interrompus
par un furieux soufflet qu'appliqua
madame la procureuse à sa rivale.
Alors le combat devint général ,
chacun frappant à droite et à gauche
pour venger son injure ou l'objet de
sa tendresse. On accourut au bruit ,
on sépara les combattans , le procureur ramassa sa perruque , et recon-
duisit sa femme honnètement égrati-
gnée. Pour le clerc et la demoiselle ,
ils se retirèt ensemble , et ne furent
point fâchés de l'aventure.

La Fâcheuse Rencontre.

Anecdote IX.

Aux premières fêtes du cirque ,
dans le jardin du palais-royal , un
jeune homme de province , venu à

Paris pour se perfectionner dans la pratique du droit, ne manqua pas de s'y rendre. Il y fit une rencontre, qui lui apprendra, il faut l'éspérer du moins, à se défier des apparences. Le lecteur va l'entendre la raconter lui-même ; son récit sera beaucoup plus piquant et plus animé. Pour cet effet je vais transcrire, presque mot à mot, la lettre qu'il m'a écrite afin que je publie son aventure. On trouvera sans doute que ce jeune homme a un nom bien extraordinaire ; mais qui n'a pas entendu parler des noms les plus bisarres portés par des personnages très-connus ?

« Destiné à remplir dans ma province une charge de judicature, j'étais venu à Paris pour travailler pendant quelque tems dans l'étude d'un procureur ; mais je songeai bien davantage à me livrer au plaisir, qu'à me perfectionner dans la pratique. J'étais plus souvent aux spectacles que dans l'étude de mon procureur, attendu que je mangeais rarement chez lui , et que c'était autant de gagné sur ma pension. Ainsi, rien ne me contrariait dans mes amusemens ; ajoutez encore que mes parens avaient eu la complaisance de me donner vingt-cinq louis pour mes menus-plaisirs. Je courais donc tous les spectacles de la capitale , depuis l'opéra jusqu'aux danseurs de corde. Le cirque, élevé au milieu du jardin du Palais-royal avec tant de dépense, et qui ne fit que paraître comme un météore éclatant, ayant enfin annoncé l'ouverture de ses fêtes, je ne fus pas un des derniers à m'y rendre. La foule était prodigieuse le jour que je m'y présentai; des virtuoses en tout genre devaient y déployer leurs talens, et l'on comptait, pour le bal, sur de charmantes danseuses. Je fus d'abord étonné à l'aspect de la salle, qui avait plutôt l'air d'une église que d'un lieu destiné à des assemblées profânes; et j'aurais admiré la solidité des galeries en pierres de taille, s'il ne m'avait paru que le reste de l'édifice ne pouvait durer que quelques années. Mais sans trop m'arrêter à considérer la magnificence de certaines parties de cette construction, et la disparate choquante qu'offre la mesquinerie des autres, je m'enfonçai dans la foule brillante des spectateurs. Comme l'élégance de ma parure me plaçait au rang des honnêtes gens, c'est-à-dire des gens riches, car un bel habit peut fort bien couvrir un fripon, j'étais avantageusement remarqué. Ma phisionomie jeune et fraiche, autant que ma façon d'être mis, engagèrent deux dames à me lorgner très-amoureusement. Je m'apperçus de leurs agaceries, j'y répondis d'une manière qui ne sentait nullement le provincial; au moins je m'en flatais; car l'amour-propre a toujours été mon faible : mais qui est-ce qui n'en a pas? Quoi qu'il en soit, une simpathie secrette nous attira sans doute, nous nous trouvâmes insensiblement assis auprès les uns des autres ; alors je hasardai un compliment assez bien tourné ; on me répondit gracieusement, en m'honorant d'un tendre sourire ; la conversation s'engagea ; je fis le passionné : enfin, après de petites façons, les dames acceptèrent mon bras, j'eus l'honneur d'être leur écuyer. Qu'on juge de l'excès de ma joie : les deux dames étaient charmantes ; la plus jeune sur-tout me ravissait et je ne doutais nullement qu'elles ne fussent de la première qualité. L'éclat de leur parure me confirmait dans cette idée avantageuse ; leurs robes, si lestes et si légères, qu'elles ne paraissaient qu'un déshabillé du dernier goût, étaient garnies d'une belle blonde. Dans des cheveux artistement bouclés, étincelaient des épingles de diamans ; de superbes girandoles brillaient à leurs oreilles ; la blancheur d'un cou d'albâtre et d'une gorge éblouissante était relevée par l'éclat d'une chaine d'or. Les bras ronds et potelés qui s'appuyaient mollement sur les miens, étaient entourés d'un magnifique bracelet, orné de chiffres amoureux. Mes deux divinités répandaient autour d'elles le parfum le plus suave, qui valait bien l'odeur d'ambroisie que, selon les poëtes, exhalaient les déesses de l'Olimpe. Tant de richesses, tant de magnificence, chatouillaient délicieusement mon amour-propre ; j'admirais le bonheur que j'avais de servir d'écuyer à des personnes du plus haut rang, dont le pied mignon effleurait délicatement la superficie du parquet. Pour moi, à peine touchais-je la terre, mon ame, tout mon être nageait dans la joie. Tandis que sans cesse nous parcourions les galeries de pierre et le bas de la salle, je m'appercevais bien que la plupart des hommes souriaient familièrement à mes deux compagnes, et qu'elles leur rendaient la pareille;

je m'imaginais qu'on ne pouvait cacher l'admiration qu'inspirait la vue de leurs charmes , et qu'elles s'y montraient sensibles , parce qu'elles avaient beaucoup plus de politesse que de fierté. »

« Mes belles inconnues me témoignèrent qu'elles étouffaient de chaud et qu'elles desiraient aller prendre quelque rafraîchissement. Je les conduisit aussi-tôt dans le café du Cirque. Elles demandèrent des glaces, qu'elles trouvèrent *divines*, peut-être pour me remercier de la politesse que j'avais de les régaler. Ma bourse, que je tirai pour payer la dépense , était assez garnie , puisqu'elle renfermait une grande partie de mes vingt-cinq louis, Les dames apperçurent mon trésor, et se lancèrent un coup-d'œil d'intelligence. Je surpris leurs signes mutuels, et je pensai bonnement qu'elles se félicitaient de mon mérite. »

« D'un commun accord, les dames s'écrièrent qu'elles s'ennuyaient à *périr*, qu'elles avaient une migraine *horrible*, et qu'elles voulaient s'en aller. Inquiet de me voir sur le point de perdre ma bonne fortune, je leur demandai timidement si elles permettaient que j'eusse l'honneur de les accompagner. On parut embarrassées, on hésita entre un refus et l'envie d'accepter mon offre, on se parla bas ; enfin, mes vœux furent comblés, et en recevant la permission que je desirais avec tant d'ardeur, je vis encore les deux belles sourire en se régardant ; mais j'interprètais toujours en ma faveur les signes qu'elles se fesaient à la dérobée. »

« A u sortir du Cirque, nous traversâmes les deux principales cours du Palais-royal, pour gagner la rue Saint-Honoré ; quand nous fûmes à la grande porte, un laquais vêtu de gris se présenta ; il fit approcher une voiture de place, où nous montâmes au milieu d'une foule de jeunes gens, que je crus entendre plaisanter de mon bonheur , et qui sûrement ne pouvaient s'empêcher de l'envier. »

« L'équipage modeste qui nous cahotait , me fit soupçonner que les duchesses qui m'honoraient de leur bienveillance étaient venues au Cirque *incognito*. »

« Pendant que nous roulions tantôt rapidement, tantôt avec la dernière lenteur , la conversation fut aussi vive qu'enjouée de la part des dames; elles se tinrent des propos d'une folie que j'étais loin de pouvoir imiter, elles riaient souvent aux éclats et de mon air embarrassé et de la complaisance qu'elles avaient eu de m'admettre dans leur compagnie. Je tâchais de m'enhardir et de leur montrer tout l'esprit dont je suis doué ; mais j'avais beau faire , ma timidité , ma gaucherie provinciale perçait toujours malgré moi. Enchanté de plus-en-plus de ces aimables personnes, je devenais à chaque instant plus amoureux et beaucoup plus sot. Je ne veux taire aucune des

des circonstances de ma bisarre aventure. »

« La voiture sarrêta dans une large et belle rue qu'on me dit être celle de Cléri, et une longue allée nous conduisit à un petit escalier , que nous montâmes jusqu'au troisièmes étage. Nous entrâmes dans un appartement meublé. Les dames me demandèrent la permission de se mettre à leur aise; et une femme-de-chambre intelligente les eût bientôt débarrassées de tout l'attirail inventé par le luxe et par la mode. Je ne sais ce qui est le plus agréable, d'assister au déshabillé d'une jolie femme, ou à la toilette du matin : je laisse décider la question à ceux qui ont plus d'éxpérience que moi.»

» Les deux charmantes inconnues ayant passé un caraco élégant, négligeamment attaché , et mis leurs pieds mignons plut à l'aise dans une jolie mule , se couchèrent à demi sur un vaste canapé, et me firent obligeamment une place à côté d'elles.

Tome I.   E

Ivre de ma félicité , je ne savais comment exprimer ce qui se passait dans mon âme : Ces dames , me disais-je. m'ont certainement conduit , par une porte secrette , dans un endroit écarté de leur hôtel : on avait bien raison de m'assurer que de grande dames , à Paris , descendent souvent jusqu'à des hommes très obscurs. Mais je me contentais de penser beaucoup de choses en moi-même ; je ne balbutiais que quelques mots ; à peine même ôsais-je lever les yeux. Impatientées sans doute de mon silence et de ma retenue , l'une des dames me pria de leur apprendre mon état et comment je m'appelais. Dès que j'eus prononcé mon nom , elles le répétèrent en riant à gorge déployée ; *Gilles-l'eusses-tu-cru* , disaient les deux dames ; le plaisant nom ! — *Gilles-l'eusse-tu-cru!* s'écia la femme-de-chambre , qui nous entendit d'un cabinet voisin. — *Gilles-l'eusse-tu-cru!* répéta ensuite le laquais. —

Gilles-l'eusses-tu-cru fut, je crois, redit en échos pas toute la maison, comme si mon nom était le seul qui eût quelque chose de singulier. Les éclats de rire redoublèrent, et se prolongeaient au loin ; je commençais à m'en impatienter, lorsque le coquin de laquais, qui riait comme quatre dans l'antichambre, vint avertir qu'on avait servi. Je fesais mine de me retirer ; les dames me pressèrent de rester, en s'excusant de la mauvaises chère qu'elles m'offraient. Pouvais-je refuser un bonheur que je leur aurais demandé à genoux ? Le souper fut délicat ; j'étais si enchanté de me voir à table avec des personnes de qualité, que je songeais à peine à manger, quoique j'aie toujours bon appetit. Les vins, les liqueurs, les agaceries dont j'étais l'objet, me donnèrent peu-à-peu de la hardiesse. Je m'émancipai jusqu'à baiser la main des adorables personnes qui me fesaient tourner la tête. Le laquais disparut au dessert. Ces

dames chantêrent des couplets ravissans , pleins de gaillardes équivoques.
L'une d'elles s'appercevant que j'étais
dans un moment d'ivresse amoureuse , me pria de lui faire voir ma
bource , en me disant qu'elle en
croyait la broderie très-délicate. Elle
n'eut pas plutôt mon trésor en sa
possession, qu'elle sortit en folâtrant,
et me laissa tête-à-tête avec sa compagne. »

« Mes passions enflammées par tout
ce qui peut exciter les sens, firent
disparaitre ma timidité ; de caresse
en caresse. je parviens à posséder
la séduisante personne , dont je
ne doutais nullement de la haute
naissance ; je la trouvai d'une doci-
lité admirable, qui je l'avoue, aug-
menta considérablement mon amour-
propre. »

« Au milieu des transports que me
causait le bonheur dont je jouissais,
la porte s'ouvrit tout-à-coup avec
violence, et je vis entrer deux hommes l'épée à la main , qui se jetant

aussi-tôt sur moi, me saisirent au collet.— Que veut dire ceci, m'é-criai-je, madame la duchessse? — Cette exclamation fit éclatter de rire les deux capitaines Tempête. Ce qui me désespéra le plus, c'est que je vis rire aussi les deux divinités que j'avais tant idolâtrées. Les spadassins firent faire silence, et jurant comme de vrais grenadiers, s'écrièrent qu'ils voulaient me berner, pour m'apprendre à venir séduire leurs maîtresses. — Par la mort ! continuerent-ils, Suzon et vous, Fanchette, vous nous payerez vos fredaines. — Je connus alors mon erreur, je me promis d'être une autrefois moins crédule et moins rempli de vanité. J'eus beau gémir, supplier, il me fallut subir la sentence qu'avait portée les coupe-jarrets. Je fus berné aussi rudement que le pauvre Sancho-Pança, de proverbiale mémoire. Les deux prétendues duchesses tinrent chacune un des bouts de la couverture, et

E 3

riaient plus fort que les autres.
Quand on fut las de me secouer, on
me mit poliment à la porte, en me
disant de n'ôser pas même regarder
jamais cette honnête maison, si je
voulais conserver mes deux oreilles»

« Quel parti me restait-il à prendre?
Si j'avais été me plaindre au com-
missaire de police, j'aurais inutile-
ment publié ma honteuse mistifica-
tion ; car les friponnes, dont je venais
d'être la dupe, auraient nié leur
filouterie, et je n'avais aucune preuve
à donner. Après y avoir mûrement
réfléchi, je me décidai pour le parti
le plus prudent, celui de n'en rien
dire et de me corriger à l'avenir.
Si je raconte maintenant le piége
où j'eus la sotise de tomber, c'est
que jesuis au-dessus de la honte que
j'éprouvai alors, et que je souhaite
que mon exemple puisse être utile à
quelques-uns de ceux qui appren-
dront mon aventure. Hélas ! je ne
tardai pas à m'appercevoir que j'a-
vais à regretter quelque chose de

plus précieux encore que ma bourse, la perte de ma santé. Je me ressouviendrai long-tems des belles dames du Cirque. Quel domage que, dans la Capitale, il en coûte si cher pour s'instruire ! »

LA BELLE INCONNUE.

Anecdote X.

Une dame, vraisemblablement peu délicate sur les moyens de satisfaire ses caprices, étant au dernier bal de l'Opéra, et masquée, fut si charmée des manières sémillantes et du persifflage d'un agréable petit-maître, qu'elle consentit à le mener chez elle ; mais à condition que, dès qu'il serait dans la voiture, elle lui banderait les yeux, et qu'il se laisserait reconduire avec la même précaution. Le jeune homme consentit à tout. On ne lui rendit l'usage de la vue qu'au milieu d'un appartement superbe, éclairé par un grand nombre de bougies, où il passe trois jours consécutifs avec sa nouvelle conquête ; mais sans appercevoir un seul instant les rayons du soleil : car tous les volets étaient exactement fermés, et ils furent servis par une femme-de-chambre et un domestique sans livrée, qui n'ouvrirent jamais la bouche. Lorsque les plaisirs commencèrent à perdre de leurs charmes, la dame renvoya son amant pour ne plus le revoir ; le laquais affidé lui banda les yeux, le conduisit dans un fiacre, et ne lui ôta son bandeau qu'en le quittant à sa porte.

Le Véritable Amant.

ANECDOTE XI.

UN jeune homme né à Paris d'une famille honnête, doué des dons de la fortune et de ceux de la nature, mais avec une ame ardente, agitée des plus vives passions, aimait une demoiselle d'une naissance inférieure à la sienne, et l'aimait comme il était capable d'éprouver l'amour, c'est-à-dire à la fureur; son amante était aussi passionnée que lui, et leur intelligence ne pût long-tems se cacher. Un frère de la demoiselle troubla leur bonheur mutuel; il était d'un caractère fougueux, emporté, et toujours prêt à mettre l'épée à la main : aussi était-il très-estimé dans la classe de ces étourdis qu'on appelle des tapageurs. Il signifia brusquement à l'amant de sa sœur, de cesser toutes ses visites ; les représentations , les prières , les promesses d'obtenir le consentement de la famille pour une union sortable , rien ne put fléchir ce personnage hors d'état d'entendre raison. L'amant se vit forcé de tirer l'épée , pour repousser des insultes grossières ; il ne songeait qu'à défendre ses jours , et qu'à ménager ceux de son aggresseur ; mais ce cruel ennemi se livrant trop à une fureur aveugle, s'enferra lui-même, tomba noyé dans son sang , et expira l'instant d'après. Au désespoir de cet évènement affreux , qui avait eu plusieurs témoins, le jeune homme courut chez sa maîtresse, lui apprendre la triste nécessité où il était de se séparer d'elle. Vivement frappée de ce malheur imprévu , l'infortunée n'eut pas la force de soulager sa douleur par un torrent de larmes, elle expira dans les bras de son amant. Celui-ci aurait bien desiré

que la mort l'eût réuni à ce qu'il
avait de plus cher; mais une mort
ignominieuse révoltait justement
son cœur; il allait être poursuivi, il
n'y avait pas un instant à perdre : il
prit le mouchoir de cou que portait
sa maîtresse, et l'emporta comme le
dernier gage d'une tendresse qui
aurait dû faire sa félicité. Il se rendit promptement à Bruxelles. Arrivé
dans cette ville, il y vécut dans la
retraite, fuyant tous les plaisirs,
ne se livrant qu'aux sombres chagrins dont il était dévoré. Un jeune
homme, logé dans la même maison
que lui, l'intéresse par un air de
mélancolie et de tristesse : il se forme
bientôt entr'eux une amitié intime.
Mais le généreux fugitif de Paris
n'eut pas plutôt épuisé sa bourse en
faveur de l'inconnu, qu'il ne le revit
plus. Il n'aurait tenu qu'à lui de ne
point éprouver l'indigence : il pouvait revenir dans sa patrie, puisque
sa grâce était obtenue; mais le séjour lui en était devenu odieux.

Cependant, sa famille voyant qu'elle fesait envain les plus grandes instances pour le rappeler, cessa de lui envoyer des secours, afin de le forcer à se rendre aux vœux de ses proches. Ce moyen, qui aurait pu réussir vis-à-vis de tout autre, occasionna la catastrophe la plus malheureuse. Indigné d'être si malheureux dès le commencement de sa carrière, se voyant trompé, abandonné par un ami : se voyant à la veille d'être avili par le manque d'argent, et se remettant sans cesse devant les yeux l'image d'une maîtresse adoré, que la douleur avait fait mourir à ses yeux, il forma la funeste résolution de terminer sa vie. Le jour qu'il avait choisi pour le terme de ses peines, il parut d'une gaîté extrême: après avoir dîné, il écrivit plusieurs lettres, et alla les mettre à la poste: ensuite il s'éloigna de la ville d'environ une demi-lieue, et se précipita dans le canal. On retira son cadavre, mais trop tard pour le rendre à

la

la vie. Jusqu'au dernier moment, il conserva le souvenir de son fatal amour : il avait attaché autour de son cou le mouchoir de sa maîtresse.

Jalousie Extraordinaire.

ANECDOTE XII.

LE comte d'Arans s'était lié d'amitié avec le chevalier de la Farnelle, quoi qu'il fut l'amant déclaré de sa femme ; mais cet époux à la mode qui, de son côté, entretenait publiquement une demoiselle de l'Opéra, n'avait garde de contredire l'usage. Cependant il aimait en secret celle que lui avait donné l'hymen, et si ce n'eut été la crainte du ridicule, il aurait laissé éclater la passion légitime qu'il cachait avec le plus grand soin. Ce qui va pa-

Tome I.   F

raître fabuleux, et n'est pas moins
vrái pourtant, c'est que la comtesse
aurait préféré son mari à tous les
agréables qui l'en'ouraient, si elle
n'avait été retenue par la honte
d'être trouvée trop raisonnable. Les
défauts et les vices du chevalier ne
contribuaient pas peu à lui inspirer
quelquefois de sages réflexions ; elle
ne pouvait se dissimuler qu'il était
d'une jalousie affreuse, et, pour
comble, d'une indiscrétion au-dessus
même de celle du petit-maître le
plus avantageux.

Le chevalier surprit un jour le
comte tête-à-tête avec son épouse ; il
en fut vivement piqué, car elle avait
juré qu'elle ne le verrait plus. Ils se
traitèrent néanmoins l'un et l'autre
avec politesse. — « Vous ne vous at-
tendiez pas, lui dit le comte, à me
voir jouer ici le rôle de mari ? —
Non certainement, je ne l'aurais jamais soupçonné d'un homme aussi
versé dans la connaissance du monde. — Que voulez-vous ? le sage fait

quelquefois des folies ; mais n'en soyons pas moins amis. »

Leur intimité fut quelque tems la même ; ils soupaient souvent ensemble chez la comtesse , et tout se passait au mieux , grâce aux mœurs perverses qu'avaient les gens qui se croyaient au-dessus des roturiers.

Mais le chevalier soupçonna que l'himen fesait valoir des droits qui outrageaient ceux de l'amour. Mécontent d'un partage qui lui semblait extrêmement injuste , il ne put s'empêcher de s'en plaindre au comte qu'il regardait comme un rival incommode. — Pardonnez à ma faiblesse , lui dit-il un jour , je vous l'avoue en confidence , j'ai le défaut d'être jaloux. — Bon ! c'est sûrement une plaisanterie ; vous savez que je ne le suis pas moi-même ; et il serait à vous du dernier ridicule d'avoir moins de philosophie. — Votre position est bien différente. Au reste , mon cher comte , que je vous doive entièrement mon bonheur. — Mais que voulez-vous dire? — Accordez-moi encore une preuve d'amitié. — Parlez, qu'exigez-vous ? Que vous ne mettiez plus les pieds chez la comtesse. — Oh! pour cela, chevalier, vous plaisantez, je n'aurai nul égard à une prière qui n'est qu'un simple badinage. — Vous répondrez à mon attente, ou nous nous couperons la gorge. — Vous êtes donc fou. — Je ne le suis point, et je ne souffrirai jamais que votre épouse se trouve également en tête à tête avec l'un de nous deux. » — Le comte qui, depuis une heure, avait peine à se contraindre, malgré la mode, malgré la crainte du ridicule, jugea qu'il serait indigne de lui de se laisser manquer à ce point par l'amant de sa femme. Ils se rendirent dans le bois de Boulogne; le sort ne fut point aveugle cette fois-ci; il favorisa le comte et vengea son injure : une balle perça la poitrine du chevalier, qui expira sur l'heure.

Le comte d'Arans ayant été légè-

rement blessé, et croyant qu'il était
de la prudence de se cacher pendant
quelque tems, avoua à son épouse
son duel et la funeste issue qu'il
venait d'avoir. La comtesse frémit
du danger auquel son mari s'était
exposé pour elle, et ne cacha plus
les tendres sentimens qu'il lui inspirait. Elle le suivit avec joie dans
une de ses terres, où ils allèrent passer quelques mois, afin de donner le
tems à la malignité publique de les
oublier; et ils éprouvèrent que deux
époux qui s'aiment, peuvent être
très-heureux, en dépit de la mode.

LA DEVINERESSE.

ANECDOTE XIII.

DANS un siécle aussi éclairé que
le nôtre, il est des personnes qui
croient aux sorciers, aux revenans;

et ces personnes si crédules ont même reçu une éducation qui devrait
les élever au-dessus des préjugés du
peuple. Deux dames, nées dans la
classe qu'on appelait autrefois la
noblesse, entendirent parler d'une
étrangère pour qui l'avenir n'était
point couvert de nuages; elles réso-
lurent de la consulter, et se rendirent
chez elle en allant au spectacle,
c'est-à-dire dans toute leur parure.
Les bijoux qu'elles étalaient frappè-
rent la sorcière. — « Mesdames, leur
dit-elle, si vous voulez lire dans
l'avenir, il faut vous armer de courage. Apprenez que nous avons tous
dans ce monde un esprit qui nous
accompagne sans cesse, mais qui ne
se communique qu'autant qu'il y
est forcé par une puissance supé-
rieure. Il ne tient qu'à moi de vous
procurer, à chacune, un entretien
particulier avec le vôtre; mais il
ne cédera point à mes conjurations,
si vous ne consentez à certaines conditions absolument nécessaires. » —

Les dames demandèrent **avec empressement** qu'elles étaient ces conditions. « — Les voici , poursuivit la vieille magicienne ; il s'agit de se dépouiller de ces vêtemens , ouvrages du luxe , et qui annoncent combien le genre humain s'est perverti : Adam , quand il conversait avec les esprits , était absolument nud. » — On hésite, on est tenté de se retirer ; mais on s'encourage en songeant que l'esprit sera seul témoin de l'obéissance exigée. Enfin la curiosité l'emporte. Les robes, les bijoux sont déposés dans une chambre , et chacune des dames passe dans un cabinet séparé. Elles y restèrent deux heures avec un impatience difficile à exprimer. Ne voyant point paraître l'esprit , elles commencent à soupçonner qu'elles ont été trompées ; la frayeur les saisit , elles poussent des cris affreux ; leurs gens accourent . suivis des voisins, et on les tire de leur prison. La prétendue sorcière , après les avoir enfermées sous la clef, avait déménagé avec leurs hardes et les siennes.

Les bons Numéros de la Loterie.

ANECDOTE XIV.

On a la crédulité d'ajouter foi à mille absurdités dans le monde, telles qu'à la vérité des rêves, au magnétisme, à la possibilité de calculer le hasard des loteries, etc. C'est de ce dernier objet dont il va être question dans l'anecdote suivante.

Une citoyenne fort riche ayant rêvé qu'elle gagnait un *terne* à la loterie nationale, fit part de ce songe à une de ses amies, qui lui conseilla de mettre à la loterie et de prendre un terne, attendu, lui dit-elle, qu'en dormant elle venait peut-être d'avoir une inspiration du ciel. Mais l'embarras était de choisir des numéros. Tandis qu'elles flotaient dans l'incertitude, une autre citoyenne survint, qui fut d'avis qu'il fallait aller consulter un des habitans des petites-maisons, c'est-à-dire un fou, ces sortes de gens lui paraissant infallibles dans leurs prédictions. La rêveuse crut devoir suivre ce singulier conseil, et conta le motif qui l'amenait au premier fou qu'elle rencontra. Cet homme, après l'avoir attentivement écoutée, lui demande du papier et un crayon, écrit quelques chiffres sur un morceau de papier, le roule et l'avale, et dit ensuite gravement à la dame émerveillée de son action: — « Si vous voulez revenir demain, vos numéros seront sortis; mais je ne vous réponds point que ce soit un *terne sec.* »

RARE BONHEUR.

ANECDOTES XV ET XVI.

APRÈS avoir perdu tout l'argent qu'il possédait, dans un des tripots établis près le ci-devant palais royal et dans sa fameuse enceinte, un jeune homme s'amusait à faire sauter en l'air une orange, seul bien qui lui restait ; un joueur lui demanda s'il voulait la donner pour un petit écu ; il accepta la proposition, et courut de nouveau exposet ces trois livres aux caprices de l'aveugle hasard. Mais, pour le coup, il lui fut favorable : non-seulement il regagna tout ce qu'il avait perdu, mais encore une somme très-considérble. Que d'obligations n'eut-il pas à une orange !

Voici un autre exemple de bonheur beaucoup plus extraordinaire.

Venu à Paris pour soliciter une place
très-lucrative, un jeune homme se
trouva dans une telle disette d'argent,
qu'un de ses amis fut contraint de
lui prêter douze francs pour qu'il pût
acheter une paire de bas de soie, afin
de se présenter d'un manière plus
décente. Comme il allait faire cette
emplette indispensable au Palais-
royal, quelqu'un de sa connaissance
le conduisit dans une maison célèbre,
où l'on donnait à jouer. A la vue des
monceaux d'or qui s'élevaient et
disparaissaient sur les tapis verts,
une violente tentation le saisit de
risquer les douze francs qui lui
étaient si nécessaires. Son audace
eut tout un autre succès qu'elle méritait; il gagna ce soir-là cinq-cents
louis. Il ne se vanta point de cette
bonne fortune à l'ami qui avait cru
qu'il ferait un autre usage de la petite
somme qu'il venait de lui prêter; et
retourna le lendemain tenter de
nouveau le sort, qui le favorisa au
point de lui faire gagner au moins

six-cents-mille livres. Le duc de Montaud, qui les avait perdues sur sa parole, le pria de venir dîner chez lui le lendemain, et offrit de faire de cette somme une rente viagère au denier dix. La proposition fut acceptée, le contrat dressé tout de suite; et l'heureux jeune homme s'en étant fait donner une expédition authentique, vint la montrer à son ami, qui eut long-tems peine à croire que douze francs eussent produits dans trois jours plus de soixante-mille livres de rente.

LA PRÉVOYANTE.

ANECDOTE XVII.

On a baucoup parlé d'une bourgéoise aussi jolie que peu cruelle, et qui s'adoucissait d'une façon tout-à-fait singulière : dès qu'un galant homme

homme lui déclarait son douloureux martyr, il était sûr d'obtenir tout ce qu'il pouvait desirer ; mais la dame ne se rendait qu'à une condition fort extraordinaire : elle exigeait que chaque amant lui fournit une grosse paire de souliers d'homme. Semblable à la fourmi, elle amassait pour l'hiver pendant la belle saison. Ce qu'elle avait prévu ne manqu'à pas d'arriver : les amans disparurent avec ses charmes, mais sa prévoyance sut encore quelquefois rappeler les amours au colombier. Lorsqu'elle rencontrait un gros paysan bien taillé, bien nourri et mal chaussé, elle l'engageait à la suivre, le fesait entrer chez elle, le conduisait dans un cabinet où tout ces souliers étaient soigneusement rangés sur des planches. Lorsqu'il avait trouvé chaussure à son pied, elle les lui cédait pour le prix qu'ils lui avaient coûté.

Secret pour avoir un bon Mari.

ANECDOTE XVIII.

UNE vielle dame, quoiqu'approchant de l'âge de la décrépitude, desirait pourtant se remarier; et comme elle était fort riche, elle se flatait de trouver sans peine un bon parti. Une chose l'inquiétait cependant, elle craignait de n'avoir pas plutôt fait la fortune de celui sur qui tomberait son choix, qu'elle éprouverait ses froideurs, ses mépris, et s'en verrait abandonnée. Afin d'obvier à cet inconvénient, qui trouble la plupart des ménages, elle eut recours à un moyen qui ne pouvait manquer de produire un bon effet, et que je conseille à toutes

les femme qui seront à même d'en
faire usage. Elle commença par jeter
les yeux sur un beau jeune homme,
dont la physionomie et la corpulence
lui annonçaient un mari comme
elle le voulait ; après un mur examen
de toute sa personne dans la société
où elle le rencontrait souvent, elle
lui dit un jour à l'oreille, sans qu'on
s'en apperçut, de se rendre chez elle
le lendemain matin , parce qu'elle
avait quelque chose de très-impor-
tant à lui dire. La curiosité empêcha
le jeune homme de manquer au
rendez-vous. La vieille dame avait
appelé à son secours tout l'art de la
toilette. Elle lui déclara, en prenant
un air gracieux et enfantin , qu'elle
avait dessein de passer à de secondes
nôces, et que si elle ne lui inspirait
aucune répugnance , elle offrait sa
main à celui à qui elle confiait ses
intentions. Le jeune homme tomba
aux genoux de la tendre vieille, et
prostesta qu'il serait le plus heureux
des époux. — « Un moment , reprit

la dame, il faut savoir si vous consentez de vous soumettre aux conditions que je vais vous proposer. Je
connais l'inconstance des hommes,
sur-tout celle des maris, et pour que
le mien soit toujours fidèle, en dépit
de mon âge, je déclare que je veux
être maîtresse de mon bien, afin de
lui en faire part moi-même, s'il le
mérite. Tenez, poursuivit-elle, en
ouvrant un grand coffre, en voici la
meilleure partie en beaux louis d'or;
il ne tiendra qu'à vous de les avoir,
en remplissant exactement les de-
voirs de l'hymen. Je promets qu'à
chaque fois que vous agirez comme
un bon époux vis-à-vis de sa femme,
je vous donnerai dix louis. C'est à
vous d'obtenir souvent une pareille
récompense. — Quoique le jeune
homme fut fâché d'être payé, pour
ainsi dire, à la journée, il se sentit
assez de courage ou de cupidité pour
se soumettre à cette clause extraordinaire. Le contrat de mariage
laissa l'épouse en possession de la

fortune qu'elle apportait ; les nôces se firent, et l'on prétend que le jeune homme travailla avec une telle ardeur à mériter les gratifications promises, qu'en peu d'années il devint très-riche. Qu'on dise encore qu'il est impossible de trouver des maris constans.

Le Plaisant Enjeu.

Anecdote XIX.

Madame de Flarcourt est une de ces coquettes qui sont si communes dans le monde, c'est-à-dire qu'elle est au nombre de ces femme qui ne se piquent pas plus d'être fidelles à leurs amans qu'à leurs époux. Plusieurs années avant notre révolution, elle avait accordé une nuit au chevalier de Eornins, nouvel adorateur de ses charmes, lorsqu'un importun survint tout-à-coup, et troubla les plaisirs qu'elle s'apprêtait à goûter. Quel était donc cet importun ? — L'époux sans doute. — Point du tout, il fesait alors la guerre en Amérique: c'était un ancien amant favorisé, le baron de Vauclerc ; mais qui était presque oublié, parce que son amour durait depuis huit grands jours. Les deux rivaux se rencontrèrent en riant. — « Il serait trop commun, dit le nouvel arrivant, de se couper la gorge pour notre maîtresse ; cherchons quelque moyen moins usité de décider auquel de nous deux elle restera cette nuit. » — Après beaucoup de plaisanteries, dont madame de Flarcourt était l'objet tranquille, le chevalier et le baron convinrent de jouer les bontés de cette femme dans un cent de piquet. Certaine de ne point manquer de compagnie, madame de Flarcourt se mit au lit. tandis qu'un heureux hasard allait décider de ses faveurs. Le baron fit quarante-cinq

points dans le premier coup , et
parodiant la scène d'Aldobrandin
dans le *Magnifique* , il s'écriait à
chaque instant : *J'ai déjà quarante-
cinq points sur les faveurs qui me
sont promises.* Mais ces transports
durèrent peu ; un repic fit passer le
chevalier au comble du bonheur ,
et lui adjugea madame de Flarcourt ,
qui lui dit le lendemain qu'il ne fesait de grands coups qu'au piquet.

Le Mari Débonnaire.

ANECDOTE XX.

Un mari très-débonnaire , non de
ceux qui retirent un honnête intérêt
de leurs complaisances , mais un de
ces époux assez philosophes pour ne
s'inquiéter aucunement de la conduite de leurs tendres moitiés ; un
mari pacifique enfin , ayant eu la

maladresse de rentrer chez lui sans faire de bruit, passa dans l'appartement de sa femme, qu'il croyait seule, et la surprit dans une conversation qui n'exigeait pas de témoin. La situation était critique pour les deux amans, et sur-tout pour le pauvre mari, qui ne pouvait feindre d'ignorer la honte dont on couvrait son front. Quel parti lui restait-il à prendre ? Fallait-il qu'il s'emportât ? qu'il battît sa femme ? qu'il poignardât le galant ? Voici ce que lui conseilla l'extrème bonté de son caractère : né avec un flegme que vous allez admirer, il garda un instant le silence, et se retira en disant à sa douce compagne. — « Quelle imprudence, Madame, si c'était un autre que moi ! »

LE MARI BRUTAL.

ANECDOTE XXI.

CERTAIN mari très-jaloux, et qui, par conséquent, était...... ce que sont tous les maris trop défians, et même quelques-uns de ceux qui se tiennent fort tranquilles ; certain époux donc trop inquiet des injures que pouvait recevoir son front, avait défendu à sa jolie compagne de ne jamais parler tête-à-tête à un beau jeune homme, qu'il ne voyait venir chez lui qu'avec la plus grande peine ; mais qu'il n'ôsait exclure, à cause de cet usage ridicule adopté dans le monde, de faire politesse à des gens qu'on déteste tout bas. Il eut le malheur d'entrer un jour, sur le bout du pied, dans la chambre de sa femme, et la surprit en grande conversation avec celui qu'il regardait comme un voleur des plaisirs du mariage ; à cette vue, il ne put retenir sa fureur ; il s'approcha doucement des deux coupables, sans doute trop occupés pour prendre garde à ce qui se passait derrière eux ; et tirant de sa poche un couteau bien affilé, il coupa, avec la dernière barbarie, ... le bout du nez de sa tendre épouse. Le galant effrayé prit promptement la fuite, craignant pour lui quelque autre mutilation....... Bon Dieu ! si tous les maris qui croyent avoir à se plaindre de leurs femmes, agissaient aussi brutalement, un des attraits du beau sexe ne serait sûrement pas le nez.

Difficulté de la Constance Matrimoniale.

ANECDOTE XXII.

Au bout d'un an de mariage, qui n'avait paru qu'un jour au fortuné Damis, négociant à Lyon, il fut contraint de quitter sa chère moitié, pour se rendre à Paris, où l'appelait un procès d'une extrême importance. Je ne parlerai point des larmes qu'on répandit de part et d'autre, et des promesses mutuelles de s'écrire à chaque courier. Les plaisirs variés de la capitale, et les embarras de son procès n'empêchaient point Damis de tenir sa parole. La jeune épouse, de son côté, s'empressait de répondre aux tendres missives. Tout allait fort

bien, lorsque la jalousie vint trou-
bler une union si édifiante; mais il
était bien juste que le mari Provincial eut le même sort que la plupart
de ceux de Paris. Son aimable
moitié s'avisa de faire une réflexion
qui lui déchira le cœur; elle con-
sidéra que Damis, répandu dans les
sociétés de la Capitale, pouva ittrou-
ver des occasions de devenir infidèle;
et quand une fois elle se fut persuadée
qu'il en viendrait à l'oublier, elle
ne tarda pas à s'imaginer que son
malheur était réel. En vain les
lettres les plus tendres l'assuraient
que Damis était toujours le même;
elle ne pouvait ajouter foi à des expressions qui l'avaient autrefois
pénétrée d'une satisfaction si pure;
elles lui semblaient dictées par la
fausseté et la perfidie.

Les jaloux sont comme les amans,
il faut qu'ils fassent confidence des
sentimens dont ils sont agités. La
dame découvrit ses soupçons au
meilleur ami de Damis, qui venait
très-souvent

très-souvent la voir, et tâchait de la rendre moins sensible à l'absence de son époux. Cet ami était comme ceux que l'on rencontre dans le monde : défiez-vous-en, ô vous que l'hymen unit à une femme tant soit peu jolie, ou même aussi laide qu'un monstre ! Celui-ci, après des objections faciles à détruire, ne manqua pas de convenir que la dame avait raison. Il se flatait de tirer parti des circonstances, et sut profiter avec adresse de son rôle de confident.

Tant que la jolie Provinciale reçut exactement de galantes missives de la part de son époux, il resta à cette belle une lueur d'espérance ; il ne se livrait, se disait-elle, qu'à des erreurs passagères ; il viendrait bientôt les expier à ses pieds. Mais quelle fut sa douleur, lorsque huit jour se passèrent sans que la poste lui apportât la moindre nouvelle ! Le matin du neuvième jour elle se livra à tout son désespoir devant l'indigne ami de Damis, qui, voyant qu'il était tems d'agir à visage découvert, conseilla à la belle affligée de punir un mari volage, et se jetant tout de suite à ses pieds, s'offrit pour être le vengeur de l'hymen outragé. J'ignore le reste de la conversation, et ne puis instruire mon lecteur que de l'essentiel du tête-à-tête : il lui suffira, je crois, de savoir que la Provinciale fut aussi faible que tant de charmantes Parisiennes.

A peine venait-elle de se rendre coupable du crime dont elle accusait son mari, et dont maintenant on ne fait que rire dans ce qu'on appelle si improprement *la bonne compagnie ;* à peine, dis-je, venait-elle d'être la victime de sa jalousie, qu'une chaise de poste entra dans sa cour, et qu'elle vit Damis dans ses bras, toujours tendre, toujours empressé, toujours amant plutôt qu'époux. Les pleurs qu'elle répandit à cette subite apparition, furent tout-à-la-fois l'ouvrage et de la joie et de la honte — « Quoi, je n'ai jamais cessé de vous être chère,

s'écria-t-elle en sanglotant ! Eh !
pourquoi donc avoir été huit jours
entiers sans m'écrire ? — Pourquoi,
mon amie ? c'était afin de te surprendre par ma prompte arrivée. »

La jalouse Provinciale ne connut
que trop combien ses soupçons l'a-
vaient trompée, et se dit long-tems à
elle-même : — « Hélas ! que n'ai-je
été fidelle un jour de plus ! »

L'ÉTRANGE SERVICE.

ANECDOTE XXIII.

UN honnête homme traînait des
jours malheureux dans Paris, depuis
plusieurs années, en proie aux hor-
reurs de la misère, quoiqu'il eût,
dans cette grande ville, des parens
fort riches ; mais comme c'étaient des
gens parvenus, de riches agioteurs,
d'opulens fournisseurs pour les ar-

mées de la République, les uns le berçaient de trompeuses promesses sans le secourir d'un écu, et les autres poussaient la cruauté jusqu'à lui fermer leur porte. Enfin, lorsqu'il y pensait le moins, l'un d'eux le mit à même de n'avoir besoin de personne. Voici comment la chose arriva. Il venait d'éprouver de nouvelles duretés de la part de ses parens enrichis, lorsqu'au détour d'une rue, un brillant équipage, malgré les peines prononcées par la police, volant aussi vîte que le vent, le serra tellement contre une borne, qu'il y fut à demi-écrasé. Sur le point de rendre l'ame, il jeta un œil mourrant sur l'élégante voiture, dont le peuple retenait les chevaux, et connut que les liens du sang l'unissaient de près au maître du char. — « Laissez-le aller, s'écria-t-il, d'une voix faible, en s'adressant aux gens attroupés; l'homme qui est dans ce carrosse est mon cousin-germain. — Mais, l'imprudence de son cocher est cause que

vous êtes grièvement blessé; il a
enfreint l'ordonnance de la police,
qui veut que les voitures aillent doucement dans les rues , ordonnance
qui devrait être renouvelée chaque
mois, afin d'en imposer aux cochers
et aux étourdis en cabriolets. Il faut
obtenir contre celui-ci des dommages
et intérêts. — Hélas! reprit le mori-
bond , en abrégeant aujourd'hui ma
vie. il m'épargne mille morts, que
jendurais tous les jours; car est-ce
vivre que de languir dans le besoin?
de vingt parens riches que j'avais
dans cette ville, celui-ci est le seul
qui termine mes infortunes.» — A
ces mots la voiture s'échappe du milieu de la foule, et l'infortuné expire
aussi-tôt dans les bras de ceux qui
le soutenaient.

H 3

La Cheminée Tournante.

ANECDOTE XXIV.

LE duc de Richelieu aimait passionnément la jolie madame de la Popelinière, épouse d'un vieux fermier-général. Mais, quoique les deux amans fussent parfaitement d'acord, ils ne pouvaient avoir d'entretien particulier, à cause de l'extrême jalousie du mari : il est des jaloux en France, comme en Italie et en Espagne ; il est vrai qu'ils sont en bien petit nombre à Paris. Le galant duc de Richelieu après avoir essayé vainement à corrompre le portier, les femmes-de-chambre, ne perdit point courage ; il rôdait souvent *incognito* autour de la forteresse dans laquelle il aurait bien voulu s'introduire sans être apperçu. Dans

une de ses promenades secrettes ,
il vit un écriteau qui lui apprit qu'il
y avait un appartement à louer tout
à côté de la maison qu'habitait son
amante , et même contigu à sa chambre à coucher. Sans perdre une mi-
nute il se rendit locataire de cet
appartement sous un nom supposé ,
et un serrurier intelligent lui cons-
truisit une de ces cheminées tournantes en tôle , qui sont devenues
depuis si à la mode , au moyen de
laquelle , à un signal convenu , il
parvenait auprès de l'objet de sa
tendresse (1). Madame de la Popelinière se renfermait chaque jour ,
pendant plusieurs heures, pour goûter
le plaisir d'être tête-à-tête avec son

____

(1) Le serrurier , inventeur de ces
cheminées tournantes, fut mis à la Bastille ,
comme s'il eût commis un crime de lèse-
majesté, et je crois même qu'il y est mort.
Heureusement que la révolution fit démolir
cette horrible prison , où le despotisme
ministériel a fait périr tant d'innocentes
victimes.

amant. On la croyait occupée à des lectures intéressantes ; et le vieux mari ne se possédait pas de joie de voir sa chère épouse mépriser les frivolités et la vie dissipée, pour s'adonner à la Philosophie. Mais un soir qu'il était dans l'appartement de cette savante, beaucoup plus instruite qu'il ne se l'imaginait, il entendit un grand bruit à la cheminée, et la voyant s'agiter avec violence, il s'écria, tout effrayé, que des revenans apparaissaient dans sa maison, et sortit de la chambre en invoquant tous les saints du paradis. La dame eut beau le plaisanter sur sa terreur ; il persista dans son opinion, acheta un autre hôtel dans un quartier fort éloigné, et se hâta d'aller s'y établir.

LE CRI DE LA NATURE.

ANECDOTE XXV.

ENCEINTE par le fait d'un jeune homme qui venait de prendre la fuite, une pauvre ouvrière, craignant de ne point gagner assez pour nourrir son enfant, forma l'exécrable projet de le tuer, quand il serait venu au monde. Elle alla à confesse, chercha à s'affermir dans le crime qu'elle méditait, en alléguant son extrème misère, l'embarras où elle se trouverait, le déshonneur dont elle serait couverte ; et finit par demander l'étrange permission de détruire l'innocente créature qu'elle portait dans son sein. Le pieux ecclésiastique dissimula l'horreur qu'il éprouvait, et répondit qu'il ne s'opposait point à l'action abominable que sa pénitente voulait commettre ; mais à condition que quand elle serait accouchée, elle prendrait son enfant dans ses bras, et lui adresserait ces paroles trois fois consécutives : *Pauvre petit innocent, est-il possible qu'après t'avoir mis au monde, il faille que je t'ôte la vie?* La malheureuse exécuta de point en point ce qui lui avait été prescrit : dès qu'elle fut seule, le lendemain de ses couches, elle saisit un couteau, et regardant son enfant, elle se mit à dire la phrase touchante que lui avait apprise le confesseur ; mais elle l'eut à peine répétée deux fois, que ses sanglots et ses larmes l'empêchèrent de continuer. — Non, s'écria-t-elle dans un transport dont elle ne fut point maîtresse, je ne serai point aussi cruelle ; je veux goûter la douceur d'être mère ; je nourrirai ce cher enfant de mon lait, et je partagerai ensuite avec lui tout le fruit de mon travail ; c'est le seul moyen de réparer la faiblesse que j'ai eue d'être

trop sensible au parjure qui m'aban-
donne ; le ciel me bénira, on m'es-
timera, quand on me verra bonne
mère. » — Elle ne tarda pas d'apprendre à son confesseur l'heureux changement qui s'était fait en elle. — « Je
m'y suis attendu, lui dit l'honnête
ecclésiastique ; le cri de la nature
devait retentir jusqu'au fond de votre cœur. » — Cependant il chercha
à lui rendre service, et lui procura
un nourrisson dans une maison très-
opulente.

L'INFIDÈLE PUNI.

Anecdote XXVI.

Si tous les inconstans et les indis-
crets étaient punis comme le héros
de l'histoire que je vais raconter,
leur nombre serait peut-être moins
considérable dans Paris et dans les

départemens. Le marquis de Fortenville était un de ces agréables mau-
vais sujets qu'on a qualifiés de la
dénomination singulière de *roués* ; il
se serait cru déshonoré de payer ses
dettes, et d'avoir huit jours de suite
la même maîtresse. Mais ce n'était
point encore là le pire de ses défauts;
il se fesait un plaisir malin de se
vanter des faveurs qu'il avait reçues,
et déchirait même la réputation des
femmes qui lui avaient résisté. Une
femme d'un rang autrefois distingué,
qu'il s'était permis de calomnier,
résolut d'en tirer vengeance, et de
le corriger, si cela était possible.
Un soir vers les neuf heures que
Fortenville, dans un cabriolet aussi
haut qu'une maison, et léger comme
un château de cartes traversait rapidement la place Louis XV, nommée
présentement, et à juste titre, *Place
de la Révolution*, puisque c'est là
qu'elle a commencé, il fut entouré de
douze hommes masqués et à cheval;
on lui signifia qu'il se laissât conduire

sans

sans opposer la moindre résistance ;
ou qu'il serait poignardé. Notre petit-
maître s'imagina qu'il s'agissait
d'une bonne fortune ; la singularité
de l'avanture lui inspira mille idées
délicieuses, et le fit consentir à tout
ce qu'on exigeait. Un des cavaliers
se plaça à côté de lui, saisit les rênes
du char, les autres se rangèrent
autour de l'élégante voiture, et l'on
partit à toute bride. Après avoir
couru pandant trois ou quatre heures, on arriva près d'un château
antique, à tourelles, à créneaux, à
pont-levis. Quelle fut la surprise du
petit-maître, qui s'attendait d'être
introduit dans un appartement magnifique, éclairé de plusieurs bougies, d'y trouver une table servie
avec délicatesse, et d'y passer la
nuit dans un lit voluptueux avec une
belle femme ; quelle dût être sa surprise, dis-je, quand il se vit ren-
fermer dans une grande et vilaine
chambre, au fond d'une grosse tour,
éclairée de la pâle lueur d'une

lampe, qui lui permettait à peine
de discerner un misérable grabat,
une chaise de paille, et une table
de sapin, sur laquelle était une tête
de mort ! Au bout d'un instant, le
bruit des clefs et des verroux lui
annonça qu'on venait le visiter; il
vit paraître un homme de la plus
mauvaise mine, qui, posant à terre
un morceau de pain bis et une cru-
che remplie d'eau, lui dit, en se
retirant, d'un ton de voix épouvan-
table : songez à votre conscience.

Le lendemain des gens, armés de
sabres et de hallebardes, se pré-
sentèrent à ses yeux, et lui firent
signe de les suivre. Pour le coup, il
crut que les plaisanteries allaient fi-
nir, et qu'un heureux contraste allait
le faire jouir tout-à-coup des objets les
plus agréables. Mais une nouvelle
surprise l'attendait : après avoir traversé une file de vastes appartemens,
on l'introduisit dans une grande
salle, qui avait tout l'air d'un tribunal de judicature ; des magistrats,

ou paraissant tels, siégeaient sur les fleurs de lys. On le fit asseoir sur une espèce de sellette; et le greffier lut gravement les diverses accusations intentées contre le prisonnier: elles consistaient en dissipations de biens, folies de tout genre, dettes non acquittées, occasionnant le désespoir ou la ruine de plusieurs familles; ensuite venait le détail des perfidies que le marquis s'était permis dans ses amours, ses infidélités, ses confidences indiscrètes, et les propos calomnieux qu'il avait tenus contre un grand nombre d'honnêtes femmes, dont il avait eu l'impudence de se donner pour l'amant favorisé. Lecture faite de tous ces délits, le président ordonna à Fortenville de se justifier, s'il le pouvait. — « Je présume, répondit-il, que tout ceci n'est qu'un pur badinage; car enfin, je n'ai jamais entendu parler de l'existence de votre tribunal, qui fait des enquêtes sur les mœurs et la vie privée. —

Je vous avertis que tout ceci est très-sérieux, insista le président, et que si vous continuez à vous taire, la justice n'en ira pas moins son cours, et que votre procès étant fait et parfait, vous courez risque de perdre la tête. » — Le marquis pour se tirer plus vîte d'affaire, entreprit d'excuser ses désordres, et les griefs qu'on lui reprochait, sur lesquels il passa très-légèrement, comme étant justifiés par la mode et l'usage. Les juges froncèrent le sourcil à ce bisarre panégyrique, et sans rien répliquer, firent ramener l'accusé dans son cachot, où il fut traité aussi durement qu'à son arrivée.

Il lui fallut encore faire diéte jusqu'au lendemain, qu'on vint le chercher avec les mêmes cérémonies que la veille. Mais ses regards furent désagréablement frappés en traversant la cour, de l'aspect d'un échafaud tendu de noir, et il frémit lorsqu'il vit la pièce où les juges étaient assemblés décorée d'une ta-

pisserie aussi lugubre. Un garde , à
l'air sinistre et au bras vigoureux ,
le força de se mettre à genoux , et le
greffier lui lut son arrêt, qui portait
en substance : qu'attendu les plaintes
de plusieurs demoiselles et dames
respectables , et les preuves par
elles données , le marquis de Fortenville était condamné d'avoir la
tête tranchée , comme s'étant fait un
jeu de porter le déshonneur dans les
familles , et notamment d'avoir ca-
lomnié la réputation de femmes
vertueuses , dont il était à peine con-
nu. A cette lecture , le peu de fer-
meté du marquis l'abandonna ; il
tâcha d'effrayer ses juges par des me-
naces , et s'efforça de les fléchir par
des prières. On lui laissa dire tout
ce qu'il voulut ; on le conduisit dans
une petite chapelle , où un prêtre
vint l'exhorter à la mort. Au bout
d'une heure , on annonça que l'instant fatal approchait ; le criminel ,
plus mort que vif , se traîna vers l'é-
chafaud ; lorsqu'il y fut monté, un

bourreau, à mine rébarbative, fit briller le glaive qui allait trancher ses jours, et lui banda les yeux. Le coup mortel allait être frappé, lorsqu'une voix cria grâce. On transporta le pauvre marquis, presque sans connaissance, dans une chambre assez bien meublée ; on le mit au lit, et des restaurans délicieux, et une bonne nourriture l'eurent bientôt rétabli.

Le soir du deuxième jour le terrible greffier reparut, et lut un nouvel arrêt au prisonnier, où il était déclaré que le tribunal des mœurs lui accordait son pardon, pour cette fois seulement, et lui enjoignait d'être plus circonspect à l'avenir. Après qu'on lui eut remis une expédition de cet arrêt, on le fit remonter dans son cabriolet au milieu de la nuit; les mêmes cavaliers masqués l'environnerent, et ne prirent congé de lui qu'à la place Louis XV ou de la Révolution.

Le petit-maître effrayé de cette

avanture , et craignant qu'elle n'eût
des suites , changea entièrement de
conduite , et fut aussi sage, aussi raisonnable , qu'il avait été autrefois
inconséquent et vicieux. Ses amis,
étonnés de sa vie régulière , eurent
beau le persiffler , ils en ignorèrent
toujours la cause ; et furent souvent
tentés de le croire fou , quand ils lui
entendaient dire sérieusement, que
l'infidélité et l'indiscrétion sont des
crimes très-graves , qui souvent peuvent faire perdre la vie. Il ne ré-
véla la singuliere avanture qu'on
vient de lire , qu'après avoir été
blessé mortellement , dans les plai-
nes de la Champagne , en combattant
dans un corps d'émigrés.

Le ci-devant Duc peu délicat.

ANECDOTE XXVII.

L E duc de Rondac manquait souvent d'argent, quoiqu'il jouit d'une fortune proportionnée à son rang et à sa naissance, ou plutôt à sa brillante oisiveté ; il était souvent réduit aux expédiens, même avant que les pensionnaires de la cour eussent été contraints de renoncer aux trois-quarts et demi de leurs pensions. Mécontent de son suisse, il prit le parti de le renvoyer ; mais, hors d'état de lui payer ses gages, il lui fit un billet de la somme de 500 livres, payable dans trois mois. Ce suisse, grand buveur, et auquel les vapeurs bachiques ôtaient peut-être la mémoire, s'apperçut un jour qu'il avait perdu le billet de son ancien maître, et eut la simplicité, en chopinant avec le camarade qui lui avait succédé, de raconter la perte irréparable qu'il venait de faire. La nouvelle ne tarda pas à parvenir jusqu'à monsieur le duc, qui regarda pour lors sa dette comme payée. Le suisse s'étant présenté au bout de trois mois, pour alléguer le besoin extrême qu'il avait d'argent, et sa confiance en la probité de *monseigneur*, celui-ci eut le front de soutenir qu'il ne devait rien, et n'avait jamais contracté d'obligation pour la somme qu'on lui demandait. Menacé d'être jeté par les fenêtres, le pauvre suisse jugea à propos de se retirer, et d'aller raconter son affaire à un procureur. Il s'exprima avec toute la franchise apanage de sa Nation ; en sorte que le procureur ne douta point de la vérité de son récit, et se chargea de poursuivre sans ménagement l'illustre débiteur de mauvaise foi, sans que le suisse fut

tenu de rembourser les frais, au cas
qu'il vint à perdre. Nous serons certainement déboutés de notre demande, disait le procureur désintéressé ;
mais je veux me donner le plasir de
voir un très grand seigneur renier une
dette qu'il est bien sur d'avoir contractée. Il le goûta en effet ce plaisir;
mais il fut beaucoup plus vif qu'il
n'avait osé l'espérer. L'affaire s'étant
engagée au châtelet, le duc fut appelé
à son serment. La veille qu'il devait
venir le faire chez monsieur le lieutenant-civil, le suisse eut le bonheur
de retrouver son billet. Le procureur
qui s'était chargé de défendre ses
intérêts, lui recommanda de ne dire
à personne la découverte qu'il venait
de faire ; et pour le coup le bon suisse
se piqua de discrétion (peut-être
parce qu'il fit l'effort de ne point
s'enivrer pendant un jour). Cependant monsieur le duc comparait
devant monsieur le lieutenant-civil,
qui lui dit de bien prendre garde au
serment qu'il allait prononcer, c. pa-

ble de le déshonorer à jamais, s'il venait à être reconnu faux. Je persiste dans mes défenses, interrompit le duc; et il allait se parjurer, lorsque le magistrat indigné lui cria d'arrêter, et lui montra le fatal billet. Il est aisé de se peindre la confusion de monsieur le duc. Ce trait et un million d'autres montrent qu'elle était la délicatesse des *ci-devant nobles.*

Le Marchand de Peau de Lapin.

Anecdote XXVIII.

DANS un tems où tout le monde paraît se livrer avec transport à la bienfaisance, soit envers les malheureux, soit en faveur de la Patrie, je vais entretenir mes lecteurs d'un pauvre homme qui portait cette vertu au suprême dégré. Il s'était procuré une sorte d'aisance à acheter et à revendre des peaux de lièvre et de lapin ; mais tout ce qu'il se procurait au-delà du nécessaire, il le distribuait aux indigens, et disait que c'était être véritablement riche, que de donner son superflu à ses semblables. La comtesse de Valmont entendit vanter par un de ses gens l'humanité du bon homme Pierre le Roux, et voulut éprouver elle-même s'il était aussi charitable qu'on le prétendait. Comme il passait régulièrement une fois la semaine devant l'hôtel de Valmont, en criant : *peaux de lapin à vendre*, il fut facile à cette dame de tout disposer pour l'épreuve projettée. Quand on entendit la voix du bon Pierre le Roux, on ouvrit une petite fenêtre aux mansardes de la maison ; et on l'invita à monter. Quoique vieux, il parvint bientôt à ce dernier étage, et serait accouru encore plus vite, s'il avait su pourquoi on l'appelait.

Une

Une porte entr'ouverte lui fit soupçonner que c'était là qu'il fallait
entrer. Il pénétra dans un galetas
où la bise soufflait de tous côtés; les
meubles étaient dignes de ce triste
réduit; et il apperçut dans un coin,
sur un misérable grabat, une figure
de vielle femme, la tête enveloppée
de plusieurs linges. Touché de la
misère extrême qu'elle paraissait
éprouver, il la pria de lui dire si
c'était elle qui le demandait. et ce
qu'il pouvait faire pour son service.
— « Hélas! lui répondit-on, d'une
voix faible, vous voyez une femme
que des malheurs imprévus ont
réduite à l'indigence, et qui n'ose
découvrir à personne sa misérable
situation. Mais on m'a dit que vous
étiez si bon, si compatissant! — Il
suffit d'avoir un cœur pour plaindre
les malheureux; et je n'ai aucun
mérite à faire le peu que je fais.
Dans qu'elle demeure vous voilà à
votre âge. par un tems si rigoureux!
Peut-être encore êtes-vous malade?

Tome I.   **K**

— Je languis depuis bien du tems.... et sans secours. Ce qui redouble ma peine, c'est qu'on menace de me mettre hors d'ici, parce que je dois mon loyer. — O ciel ! qu'est-ce que j'entends ! n'avoir aucune pitié de cette pauvre femme ! Que voilà bien les riches ! la plupart d'entr'eux habitent de beaux appartemens dorés sans songer que dans leur même maison, tout au-dessus de leur tête, il y a souvent des misérables qui expirent de froid dans un grenier. Tenez, prenez ces deux louis; c'est tout ce que je puis faire pour le présent. Mais je reviendrai vous apporter d'autres secours. — Un don aussi considérable pourrait vous incommoder ; quelques écus me suffiront. — Non, ma bonne dame, il me reste toujours assez quand j'ai un morceau de pain; je me porte bien, l'appétit assaisonne ce que je mange; au-lieu que vous êtes âgée, infirme : il est donc juste que vous fassiez meilleure chère que moi. »

— Il laissa les deux louis sur le pied du lit, et se retira en faisant des vœux pour la santé de la pauvre malade.

Un mois se passa sans qu'il reparut; enfin un matin il se présenta à la porte de l'hôtel, et demanda au suisse la vieille dame qui logeait sous les mansardes. On ne lui répondit rien ; on se contenta de lui témoigner par un signe, qu'il pouvait monter. Il parvint sans obstacle jusqu'à l'endroit où il s'était présenté la première fois. Mais il eut beau le parcourir, il le trouva entièrement dévasté, il n'y avait plus personne. — « J'ai trop tardé, s'écria-t-il en pleurant, l'infortunée sera morte de misère. » — Il descendait les escaliers en poussant de profonds soupirs, lorsqu'un laquais lui dit d'entrer dans l'appartement de madame. Il obéit transporté de joie, se flatant d'apprendre des nouvelles de sa chère protégée. Après avoir traversé plusieurs piéces richement meublées,

K 2

sans y faire nulle attention, il arrive dans le cabinet de toilette de la comtesse, et n'a garde de la reconnaître. — « Que cherchez-vous dans ma maison, lui dit-elle? — J'y venais retrouver une pauvre femme, qui avait besoin de mes faibles services; mais ayant été retardé, plus que je ne l'avais cru, dans ma trournée de la campagne, j'ignore ce qu'elle est devenue. Dieu veuille que je ne sois pas cause de sa mort! Tranquillisez-vous, brave homme; cette prétendue vieille, objet de votre commisération, c'est moi-même; j'ai voulu éprouver combien vous avez le cœur excellent. Je vous prie de reprendre vos deux louis, et de permettre que j'en ajoûte vingt-cinq, pour contribuer aux bonnes-œuvres que vous faites. » — Le bon, le modeste Pierre le Roux ressentit autant d'embarras, que s'il avait été surpris à commettre une mauvaise action, et ne consentit qu'avec peine, et à force d'instances réitérées, à accepter une chambre dans l'hôtel de la comtesse, qui voulut avoir la gloire de soigner la vieillesse de cet homme réellement vertueux.

Les Parens pris pour dupes.

ANECDOTE XXIX.

LES Parisiennes ont communément beaucoup d'esprit; aussi raconte-t-on à leur sujet des histoires qui servent à les faire paraître d'une manière avantageuse, tandis qu'on s'égayait souvent sur la simplicité de quelques Parisiens, qui viennent maintenant de se couvrir de gloire en conquérant et démolissant la Bastille, et par les preuves de valeur qu'ils ne cessent de donner en combattant pour la liberté. Une jeune personne de cette capitale, plus amoureuse que raisonnable, était

K 3

couchée avec son amant, et sa chambre n'était séparée de celle de ses
père et mère que par une simple
cloison. Dans quels dangers nous
précipite un amour inconsidéré! Il
n'y avait point eu de domestiques
à gagner, parce que l'humble ménage était assez heureux pour pouvoir s'en passer. Mais le couple
amoureux n'avait pas moins à prendre les plus grandes précautions. Il
les oublia pourtant, et peu s'en
fallut qu'il ne se trahît lui-même.
Les parens, réveillés tout-à-coup en
sursaut, crurent entendre quelque
bruit qui les inquiéta; ils se levèrent
aussi-tôt, et accoururent auprès de
leur chère fille, qui n'eut que le
tems de faire cacher son amant
sous le lit. Alors elle se mit à pous-
ser les hauts-cris, et à dire qu'elle
était tourmentée d'une violente co-
lique. Le père se hâta d'aller chez
l'apothicaire. La belle n'était tran-
quilisée qu'à demi ; voulant aussi
éloigner sa mère, elle redoubla ses

cris en assurant qu'elle n'avait plus
que peu d'instans à vivre, et qu'elle
serait au désespoir de mourir sans
confession. La bonne bourgeoise,
qui était un vieille dévote, crut
devoir courir à la Paroisse. Ces Ar-
gus incommodes étant éloignés avec
autant d'adresse, l'amant se retira
sans être apperçu, et la jeune personne revint dans la meilleure santé
du monde.

L'intéressante Blanchis-
seuse.

ANECDOTE XXX.

On a vu à Paris la fille d'une
blanchisseuse posséder assez d'attraits, de mérite et de vertu, pour
faire les conquêtes les plus brillan-
tes, et qui en voulaient même venir
au sacrement ; mais cette belle et

généreuse personne n'acceptait point
des offres qui n'auraient fait que
son bonheur, et eussent exposé au
repentir l'amant dont elle était
chérie. Le marquis de Saint-Agnan
fut un de ceux qui persista d'avan-
tage à vouloir mettre sa fortune et
son rang à ses pieds. Elle était
trop sage, pour qu'on pût espérer
d'être heureux sans le secours de
l'hymen. Mais quoiqu'elle eût pour
le marquis une véritable tendresse,
l'empire qu'elle avait sur elle-même,
lui fit rejeter tous ces avantages si
flateurs. — « Quoi ! mademoiselle,
lui dit-il un jour, vous refusez le
titre de mon épouse ! Est-ce que ma
personne vous déplait ? ma fortune
n'est-elle pas digne de vous ? Est-il
possible que l'excès de votre mo-
destie vous fasse ignorer que le
mérite, la beauté et la vertu sont
des qualités beaucoup plus réelles
que les avantages de la naissance ?
Ne voyons-nous pas tous les jours
un vil intérêt engager des maisons

illustres à se mésallièr? Laissez-moi
faire, par un sentiment réfléchi et
de raison. tout autant que d'amour,
un mariage que rendra très-excu-
sable la pureté de mes motifs.
D'ailleurs, je suis mon maître, et
il doit m'être permis de vous faire
jouir de tout ce que le hasard vous
a refusé. Mais, sans doute, ma chère
Mariamne , que vous ne m'aimez
point assez pour être charmée que
je répare à votre égard les injustices
du sort. — Vous n'avez que trop su
me plaire, répondit cette fille res-
pectable; l'amour que vous m'ins-
pirez, est encore redoublé par l'estime; mais je ne puis me résoudre
à acheter mon bonheur aux dépens
du vôtre. Il n'est que trop vrai ,
monsieur le marquis, je suis peu
digne de l'honneur que vous desirez
me faire; il faut qu'une alliance
éclatante vous mette à même de
soutenir la gloire de votre maison.
Quand votre passion serait satisfaite,
le repentir succéderait à l'amour ,

et je deviendrais aussi malheureuse
que j'aurais paru fortunée pendant
quelque tems. Ne nous exposons
point l'un et l'autre à des chagrins
si cruels ; cessons même de nous
voir, et je l'exige après l'aveu que
je viens de vous faire ; je dois me
défier de mon propre cœur, et espérer que vos sentimens ne seront pas
moins généreux que les miens. » —
Le marquis de Saint-Agnan eut beau
prier, soupirer, gémir, l'estimable
Mariamne fut inflexible, et se retira
dans un couvent dont elle lui lai sa
ignorer le nom, et où elle subsistait
du produit des dons qu'elle n'avait
pu s'empêcher de recevoir, mais
qui n'avaient aucunement souillé sa
vertu.

Le marquis faisait depuis trois
mois d'inutiles recherches, lorsqu'il
reçut un billet de cette charmante
personne, par lequel elle lui indi-
quait le lieu de sa retraite, et le
priait de venir au plutôt l'y trouver. Il y vola avec tout l'empresse-

ment de l'amant le plus tendre ; mais ne pouvant s'empêcher d'admirer en chemin que les femmes eussent plus ou moins de caprices, et s'étonnant qu'une personne si parfaite fût susceptible d'une pareille inconséquence. Ces réflexions ne diminuèrent en rien la vivacité de sa tendresse ; il arriva à la grille du parloir rempli d'amour et d'espérance. Dès que Marianne le vit, elle lui demanda s'il l'aimait encore. Comme il se répandait en protestations, en sermens d'une fidélité éternelle, elle l'interrompit pour lui dire que c'était par des actions, et non par des paroles, qu'il fallait lui prouver son attachement. Il allait recommencer tous ses beaux discours, et jurer qu'il n'y avait rien d'impossible qu'il n'entreprît pour lui plaire ; mais il fut bien étonné quand sa maîtresse lui apprit qu'elle exigeait qu'il épousât une jeune et riche personne, parti avantageux et honorable, qu'elle était parvenue

à lui ménager. Il est inutile d'ob-
server que cette proposition fut
long-tems rejetée; que le marquis
s'efforça de prouver qu'il était beaucoup plus amoureux qu'intéressé.
La généreuse Mariamne se servit si
bien du pouvoir qu'elle avait sur
lui, qu'enfin le mariage projeté eut
lieu. Mais il sembla que le ciel
voulut récompenser les vertus qu'elle
avait toujours fait paraître. Monsieur de Saint-Agnan devint veuf au
bout d'une année, et se trouvant
possesseur d'une fortune immense
qu'il devait aux soins de cette fille
admirable, il vint lui en faire hom-
mage, et la conjurer d'achever son
bonheur. Mariamne hésita encore;
l'amour la força de se rendre, en
lui représentant qu'elle pouvait regarder comme son propre bien celui
qu'elle avait procuré au marquis,
et que c'était apporter une assez
riche dot. Mais elle aimait d'une
ardeur si véritable, sa façon de
penser était si différente de celle du
vulgaire,

vulgaire, qu'il n'est point étonnant
qu'il restât dans son âme de nouvelles délicatesses. Aussi, avant de
donner sa main, se crut-elle obligée
de faire ses conditions. — « Si je
vous aimais moins, lui dit-elle, je
n'ouvrirais les yeux que sur les avantages que vous m'offrez ; mais ils
sont loin de me suffire ; ma félicité
dépend d'être uniquement chérie de
vous. Je ne puis douter que je ne le
sois présentement ; il n'y a que l'a-
venir qui m'épouvante. Rien de plus
inconstant que le cœur humain. Et
je vous aime avec une telle tendresse
que je ne pourrais sans mourir
éprouver la moindre diminution
dans la vôtre. Voyez , monsieur ,
si vous vous sentez assez épris pour
vous enchaîner à une femme qui se
livrant entièrement à vous , veut
aussi que vous soyez tout à elle ,
et qui ne croira jamais posséder
votre cœur dans une ville où la
fidélité conjugale est un phénomène,
et le libertinage une simple plai-

santerie. Il faut vous déterminer à venir passer des jours tranquiles dans vos terres, ou renoncer pour toujours à moi. » — L'amoureux marquis aurait consenti à des choses plus difficiles. A peine l'hymen l'eut-il rendu possesseur de l'objet qu'il avait tant desiré, qu'il courut avec lui se confiner dans le fond de l'Auvergne.

Les précautions de la belle et sage Marianne servirent directement à réaliser ses craintes ; son époux se lassa de la vie uniforme de la campagne ; les caresses de son amie lui parurent moins délicieuses, et il en vint enfin à les trouver insipides. Excédé d'ennuis et de dégoûts au bout de six mois, il allégua le prétexte d'un procès important qui l'appelait à Paris, laissa la marquise dans l'antique château qu'elle avait imprudemment choisi, et se hâta d'aller l'oublier au sein des plaisirs bruyans de la capitale. Ce qu'avait prévu cette femme accomplie, mais trop tendre, ne manqua pas de lui arriver. Dès qu'elle fut certaine de l'infidélité de l'homme qu'elle chérissait plus que la vie elle se laissa consumer par la tristesse, et mourut bientôt de douleur, après avoir écrit une lettre à son coupable époux, bien plus remplie de douces plaintes, des expressions d'un amour inaltérable, que des reproches amers qu'il méritait.

L'Amant trop Sincère.

ANECDOTE XXXI.

Le chevalier de Rosemonde était vivement amoureux de la baronne d'Orsans, qui, de son côté, le payait d'un tendre retour, et se montrait très-disposée à lui accorder les dernières faveurs. Mais, loin de les solliciter, ou de chercher à les ravir, le chevalier se contentait de peindre la sincérité de sa passion, et s'éloignait précipitamment lorsqu'il sappercevait qu'on l'écoutait avec un plaisir trop vif. Il craignait, en devenant parfaitement heureux, d'aimer un jour avec moins d'ardeur une femme aussi charmante, et fuyait par excès d'amour, un bonheur, dont tout autre amant se serait hâté de jouir. La baronne ne savait que penser d'un procédé aussi étrange, lorsque monsieur de Rosemonde croyant enfin devoir l'excuser, lui parla en ces termes : — « Je ne puis être heureux qu'en vous idolâtrant sans cesse, et il faut que mon amour soit fondé sur l'estime. Ainsi je vous conjure de n'avoir jamais de faiblesse pour moi ce serait; l'écueil de ma tendresse; et je vous avoue avec franchise que si j'avais trouvé des cruelles, je n'aurais de ma vie été inconstant. Moins maître de modérer ma passion que je ne le suis aujourd'hui, peut-être je vous tiendrai demain un autre langage ; mais gardez-vous bien de vous laisser persuader. Je vous parle en honnête homme et en véritable amant, au-lieu qu'alors je vous parlerai en homme qui vous aimera beaucoup moins que son plaisir. » — La dame fort étonnée d'un pareil discours, lui repliqua avec un sourire dédaigneux : — « Ne craignez rien, monsieur, ma vertu me répond de votre constance ; vos conseils sont excellens , mais vous auriez pu vous épargner la peine de me les donner. » — Ils furent pourtant très-mal suivis, ces utiles conseils. Le chevalier changea de façon de penser, comme il l'avait prévu, désavoua tout ce qu'il avait dit, traita son raisonement de folie, soutint qu'il n'avait parlé de la sorte que parce qu'il aimait alors faiblement ; mais que son amour s'était accru à un point qu'il n'aurait jamais imaginé et qui lui assurait une éternelle durée. La baronne trouva ce discours beau-

coup plus à son goût que le premier;
elle ne douta point d'avoir le secret
de fixer un volage; elle accorda des
faveurs que son amant avait redou-
tées et desirées tout-à-la-fois, et le
perdit dès le lendemain : à qui pou-
vait-elle s'en prendre ?

L'Actrice comme il y en a peu.

ANECDOTE XXXII.

Il y a des actrices très-estima-
bles, dont la conduite est toujours
régulière, et qui méritent d'être
chéries autant pour leurs vertus que
pour leurs talens ; le nombre en est
peu considérable, il est vrai ; mais
enfin j'en pourrais nommer quelques-
unes. Il me suffira, pour le moment,
de rapporter un trait qui confirmera

la vérité de ce que je viens de dire.
Une jeune actrice d'un des princi-
paux Théâtres de la Capitale était
éperduement aimée d'un jeune homme âgé de vingt-cinq à vingt-huit
ans, qui joignait aux avantages d'un
excellent caractère ceux que don-
nent la richesse et tous les agrémens
d'une belle figure. Mais, malgré ces
dons réunis, il ne pouvait porter la
séduction dans l'ame pure de l'objet
de sa tendresse, quoiqu'il fût certain
d'en être aimé. Cette charmante
personne s'était pénétrée des meil-
leurs principes, et fortement décidée
à ne jamais s'en écarter. Qu'il lui
en coûtait pour résister à l'amant
que, dans le fond de son cœur, elle
chérissait plus que sa propre existence! Le jeune homme, désespéré
de voir tous ses présens refusés, et
de n'obtenir, pour prix de son amour
brûlant, que de froides assurances
d'une égale tendresse, ou de ces
faveurs innocentes qui ne peuvent
que satisfaire l'amitié, porta le dé-

bre de la passion jusqu'à vouloir
épouser celle qui subjuguait son
ame et sa raison, et le forçait à
l'estime. Il était presque maître de
tout son bien, et pouvait s'affranchir
de l'autorité d'un père, qu'il était
désolé cependant de chagriner dans
une circonstance si importante, et
pour la première fois de sa vie.
Mais dans quelle douleur profonde
ne fut-il pas plongé, lorsque l'estimable actrice lui déclara qu'elle ne
l'épouserait jamais que du consentement de sa famille. Les marques
de son désespoir épouvantèrent cette
tendre et vertueuse amante, qui,
cherchant à le calmer, lui promit
que dans quinze jours révolus elle
comblerait ses vœux. Mais, par
l'effort le plus héroïque, sans considérer qu'il dépendait d'elle de
devenir maitresse d'une brillante
fortune, et de s'unir à l'homme
qu'elle idolâtrait, elle eut le courage d'écrire une lettre au père du
jeune homme, par laquelle elle

l'avertissait que son fils, en proie à un fol amour, était sur le point d'épouser une comédienne, et que s'il ne venait l'arrêter au bord de l'abîme, dans quinze jours il ne serait peut-être plus tems. Le père accourut, se cacha dans un cabinet, pour entendre une conversation de l'actrice et de son fils. Il fut tellement enchanté de tout ce qu'il entendit dire à cette femme estimable pour engager son amant à renoncer au projet de lui donner la main, que se montrant tout-à-coup, il consentit au mariage. Il amena bientôt après les deux époux dans son département.

L'épreuve dangereuse.

ANECDOTE XXXIII.

LA première nuit de ses noces, un homme, sans doute de complexion plus jalouse qu'amoureuse, s'avisa de vouloir éprouver la vertu de sa nouvelle épouse, et tenta une expérience qui fut fatale à la pauvre femme. Il se hâta de se coucher le premier, et tandis qu'elle se déshabillait avec une lenteur modeste, il lui demanda d'un ton de voix terrible, si elle n'avait jamais favorisé aucun amant. Vous vous doutez bien qu'elle ne manqua pas de protester de son innocence. Mais il voulut qu'elle l'attestât par serment, et qu'elle prononçât ces paroles : — « Je veux que le diable m'emporte, si je n'ai pas toujours été sage. » — Il ajouta qu'il s'agissait du repos de sa vie. La pauvre femme se décida enfin, et fit en tremblant l'imprécation qu'il exigeait. A peine l'avait-elle achevée, qu'elle se sentit saisir par des mains velues armées de griffes; le fantôme la mit sur son dos; en se débattant, elle toucha de longues cornes et une queue énorme, enfin tout l'équipage diabolique. Elle poussa des cris épouvantables; le mari, sans en être touché, lui disait d'avouer sa faute, si elle voulait obliger le démon à lâcher prise, et qu'elle recevait la punition d'avoir prononcé un faux serment. Le diable la porta tout au haut de la maison, et la laissa sans connaissance dans un petit cabinet. Quand on s'empressa de lui administrer les secours nécessaires, elle revint à la vie, mais avec la raison aliénée; et tout l'art de la médecine n'a pu dissiper sa folie, produite par l'effroi et le saisissement. Le mari n'avait prétendu faire qu'une plaisanterie: un laquais déguisé et caché sous le lit en était sorti au signal de son maître.

Fin du Tome Ier.

TABLE

TABLE

Des Anecdotes contenues dans ce Volume.

a

a ij

Fin de la Table du Tome Ier.